El caso Dreyfus

A pesar de haber puesto el máximo cuidado en la redacción de esta obra, el autor o el editor no pueden en modo alguno responsabilizarse por las informaciones (fórmulas, recetas, técnicas, etc.) vertidas en el texto. Se aconseja, en el caso de problemas específicos —a menudo únicos— de cada lector en particular, que se consulte con una persona cualificada para obtener las informaciones más completas, más exactas y lo más actualizadas posible. EDITORIAL DE VECCHI, S. A. U.

© Editorial De Vecchi, S. A. 2018
© [2018] Confidential Concepts International Ltd., Ireland
Subsidiary company of Confidential Concepts Inc, USA
ISBN: 978-1-68325-799-8

Denis Bon

EL CASO DREYFUS

dve
PUBLISHING

Índice

Prólogo

¡No se puede cambiar lo que ya se ha juzgado! Inocente liberado o culpable condenado, inocente encarcelado o culpable en libertad… El acusado de un juicio no puede ser juzgado dos veces, ni siquiera por los historiadores.

Y, sin embargo, es muy grande la tentación de romper el muro de silencio que la ley impone con razón. Nadie puede creerse un Clemenceau, el redactor jefe de *L'aurore*, y dirigir una carta a Félix Faure, presidente de la República, titulada con el famoso «Yo acuso». No, el lugar del historiador no es este. No está al lado de Zola. No está en su frase de *L'Asommoir*: «Mi ardiente protesta no es más que el grito de mi alma. Que se atrevan a citarme en la Audiencia y que el sumario tenga lugar a plena luz».

El historiador y el cronista judicial ejercen un trabajo *a posteriori,* no deben manifestarse en el momento inicial.

Su tarea no consiste en ser sólo un hombre que piensa o que comunica un pensamiento. Consiste ante todo en:

— ser un honesto hombre de memoria;
— explicar los hechos tal y como se conocen y no las hipótesis que uno desearía que fuesen;
— describir el desarrollo y los protagonistas del proceso o el sumario y la vista o las audiencias.

Consiste, en definitiva, en establecer una serena suerte crítica de los casos que han levantado pasiones.

Así es como veremos este proceso de ahora en adelante, con la mirada inocente de quien conoce los hechos en su totalidad, del que percibe que, detrás de todo esto, se esconde el alma humana.

Más tranquilos que en el momento de los hechos, más relajadamente que en un debate televisivo, los autores de este tipo de obras intentan, cada uno a su manera, invertir la fórmula de Jean Guitton: «Siempre ocurre lo imprevisible (lo imprevisible de las luces y las sombras), a pesar de nuestros esfuerzos de perspicacia y de previsión»[1].

Si, entre luces y sombras, estas obras nos ofrecen elementos de reflexión perspicaces y prospectivos, entonces su finalidad se habrá logrado.

Sabemos que en las salas de audiencias (y ahí radica su importancia) las cosas nunca pasan como se habían previsto. Estas obras de presentación general de un hecho judicial nos permiten situarnos más cerca del hombre, de su inocencia o de su culpabilidad, de su drama y quién sabe si de su redención.

---

1. Y. Dentan, *Souffle du large: douze rencontres de Mauriac a Malraux*. La Bibliothèque des Arts, 1996.

Introducción

Cuando ha transcurrido un siglo desde que se produjera el caso Dreyfus, la memoria colectiva francesa todavía conserva, al margen de las conmemoraciones oficiales que honran los acontecimientos que marcaron dicho caso, las huellas indelebles del torbellino político y social que significó. Las últimas encuestas realizadas a este respecto indican que el 70 % de los franceses reconoce que la vida política del país cambió debido a este caso. Muchos historiadores le atribuyen la paternidad de la actual separación política entre la derecha y la izquierda, la división irreconciliable entre dos ideologías dominantes con valores diferentes, la de una derecha nacionalista y paternalista, y la de una izquierda oportunista, preocupada por la verdad y la igualdad.

Sin embargo, no hay nada que permita confirmar esta teoría histórica con absoluta certeza. Los valores del nacionalismo exacerbado, los de la monarquía, que seguían estando vivos en el siglo XIX, y el respeto sin fisuras por el ejército, la institución que constituía el símbolo del poder francés, habían sufrido notablemente los efectos de la derrota de Sedan y de la ascensión de los republicanos en la escena política. La unión sagrada entre la Iglesia y el Estado en el seno del poder se estaba desmoronando al entrar en contacto con el espíritu republicano. La división ya había comenzado.

Ahora, un siglo más tarde, puede resultar interesante plantearse algunas preguntas: ¿Se ha resuelto el caso Dreyfus definitivamente? ¿La inocencia del capitán judío acusado de alta traición es un hecho completamente asumido por todos los franceses? Y la respuesta es que no, que no hay nada menos cierto, si se tienen en cuenta las declaraciones deliberadas y dudosas de algunos órganos de extrema derecha, y la opinión de algunos partidarios de la revisión del juicio que permitió la declaración de inocencia para Alfred Dreyfus.

Por descontado, estas declaraciones van mucho más allá de ese odio a los judíos que estaba enquistado entre los habitantes del país, antes de que los árabes tomaran el relevo como cabezas de turco en la historia reciente de Francia: constituyen una muestra ideológica de aquellos que defienden todo un conjunto de valores proteccionistas contra el mestizaje de los pueblos y las razas, de principios que están en contra de la apertura de una sociedad a otras aportaciones sociales y culturales, que están en contra de cierta idea de progreso global.

Pero, incluso dejando de lado estas diferencias producidas por las ideologías políticas, en algunas conciencias todavía subsiste la duda sobre la inocencia de Dreyfus, y esto se debe a la nube de misterio que rodeó los hechos y que la prensa de la época se encargó de oscurecer aún más. Circularon las explicaciones más siniestras, también las más absurdas, otorgando a Dreyfus tanto el papel de bueno como el de malo en su propio caso, según el momento y la circunstancia. Sin embargo, en la actualidad ya no queda nada que tergiversar, puesto que las pruebas de su inocencia están absolutamente claras y son irrefutables.

Por el contrario, las responsabilidades de cada uno de los protagonistas del error judicial que supuso la deportación de Dreyfus no se han definido con absoluta claridad. ¿La traición cometida fue el hecho de un hombre aislado o estuvo al servicio de un grupo con intenciones patrióticas, incluso ambiguas? Probablemente esta pregunta nunca tenga una respuesta por completo fiable.

Sea como sea, los hechos están ahí: un inocente fue acusado de alta traición y ese inocente era judío. Fueron necesarios cinco años para que la revisión del juicio se decidiera por fin, y siete años más para que se le declarara inocente. Entre 1894 y 1906, dos juicios conmovieron a Francia y al mundo entero, dos juicios más un tercero, el del escritor Émile Zola, ferviente defensor de Dreyfus, que no dudó en enfrentarse al poder de cara, a sus riesgos y peligros. Dreyfus tuvo que esperar doce años para que se le considerara inocente de aquella acusación que lo convirtió en traidor, doce años para conseguir una rehabilitación que conmovió a la sociedad francesa y que enfrentó a la población del país, a veces cuerpo a cuerpo, en dos campos irreductibles. Fue un periodo extremadamente largo, durante el cual los defensores de Alfred Dreyfus, encabezados por su hermano Mathieu, elaboraron una compleja táctica con el único objetivo de anular aquel juicio que se había celebrado a toda prisa.

Además del relato de los hechos, se impone una descripción de la galería de retratos de sus principales protagonistas. En algunos casos se trata de inculpadores de Dreyfus, como Édouard Drumont, y en otros, de defensores, como el senador Scheurer-Kestner o el abogado Demange. Eso poco importa, ya que todos ellos formaron parte activa en la lucha fratricida que sacudió la Francia de la III República.

El seguimiento y la crítica de un juicio semejante sólo pudo llevarse a cabo gracias al apoyo de una prensa que se encontraba al servicio del poder creciente, una prensa que fue seguramente, como se ha reconocido, el origen de muchos de los escándalos de este caso. En definitiva, la revisión fue consecuencia de la aparición de numerosos artículos y obras que tendieron al drama un trampolín hacia la memoria colectiva. Las pasiones se desataron, a menudo a expensas de la razón; los odios y las aversiones se unieron. Grandes nombres como Clemenceau, Jaurès y otros encontraron un apoyo sin precedentes.

Una caricatura de la época resumía a la perfección el clima pasional y dramático en el que se desarrolló el caso Dreyfus: los miembros de una familia están sentados a la mesa en una comida dominical, y entre todos deciden que por una vez no van a hablar del caso Dreyfus, que actuarán como si no pasara nada; sin embargo, por desgracia, alguien empieza a comentarlo y, al momento siguiente, ya ha estallado la tragedia. El padre lucha encarnizadamente con sus propios hijos, la madre y la nuera se destripan salvajemente...

Antes de nada, tomemos el camino que conduce del domicilio de Alfred Dreyfus al Ministerio de la Guerra, donde va a jugarse el futuro de un país...

CAPÍTULO 1

CAPÍTULO 1

La detención (1894)

Domingo, 14 de octubre de 1894. Alfred Dreyfus, su mujer Lucie y sus dos hijos, Pierre y Jeanne, salen del domicilio de los señores Hadamard, los suegros de Alfred, donde han pasado una agradable velada. En el camino de vuelta, la familia Dreyfus tarda en llegar a casa a pesar del frescor de la noche, aún alegre por el recuerdo del agradable momento que han pasado juntos. No sospechan en absoluto que se avecina una tremenda desgracia que romperá enseguida el equilibrio del núcleo familiar y transformará sus vidas; que el nombre de Alfred Dreyfus se grabará para siempre en la memoria de los franceses, redefiniendo de manera indirecta e involuntaria el tablero político y social del país.

Aturdido por la escritura

En un remoto rincón del pensamiento de Alfred se había instalado un vago presentimiento, la impresión casi imperceptible de que algún acontecimiento anormal podría suceder. Él piensa que quizá se deba a la extraña convocatoria que había recibido el día anterior, sábado, pidiéndole que el lunes por la mañana a las nueve se presentara en el gabinete de M., el jefe del estado mayor del ejército, para someterse a una inspección general de los oficiales en prácticas.

Esta convocatoria no tenía en sí misma nada de extraordinario, las inspecciones en el ejército eran frecuentes. Sin embargo, dos detalles habían sorprendido a nuestro joven oficial durante la lectura de la convocatoria. En primer lugar, la hora tan temprana para una inspección, que normalmente se realizaban al acabar la jornada, y, en segundo lugar, la recomendación de que se presentara vestido de paisano, algo que parecía completamente inadecuado para ese acontecimiento.

Alfred Dreyfus no se preocupa en exceso, simplemente le queda una ligera duda que no tiene, por ahora, respuesta. Al día siguiente acudirá sin falta a la cita. No hay que ponerse en contra del destino. 1894 estaba resultando un buen año para el capitán Dreyfus, no había que estropearlo con preocupaciones inútiles. Este año transcurría mejor que los anteriores. 1893 había sido el escenario de muchas desgracias que supusieron un duro golpe para la tranquilidad familiar: por un lado, la muerte de su padre, y por otro, la doble enfermedad de su mujer, Lucie, y de su hijo mayor, Pierre, que ya estaban recuperándose.

Así pues, el capitán Alfred Dreyfus, un joven oficial en prácticas en el estado mayor, se presenta vestido de paisano a su cita el lunes 15 de octubre de 1894. Desde la calle Trocadero, donde vive, va a pie hasta la sede del Ministerio de la Guerra, en la calle Saint-Dominique. Acaba de despedirse de su mujer y sus hijos sin saber que no los volverá a ver en mucho tiempo.

Son las nueve de la mañana y hace frío. A su llegada, el comandante Picquart lo recibe y le hace subir al despacho del general De Boisdeffre, jefe del estado mayor general del ejército. Pero hay algo que sorprende a Alfred: los demás oficiales en prácticas no están presentes. Todos deberían haberse presentado a esta convocatoria... Otra sorpresa para el capitán Dreyfus: el general no está en su despacho. En su lugar hay un desconocido, el comandante Du Paty de Clam, oficial delegado de la policía judicial —aunque eso Dreyfus no lo sabe todavía—; y, en un rincón, otros tres individuos vestidos de paisano, que observan al capitán.

Después de algunas formalidades de inscripción para prolongar la superchería de la inspección, el comandante Du Paty pide a Dreyfus que escriba una carta que quiere dirigir al general De Boisdeffre: él no puede hacerlo porque le duelen los dedos (Dreyfus se da cuenta entonces de que lleva un guante en la mano). El joven capitán escribe la carta al dictado.

¿De qué carta se trata? ¿Y por qué le han tendido una trampa a Dreyfus? Sin anticipar las explicaciones que serán el objeto de los capítulos siguientes, hay que precisar, sin embargo, que el contenido de la carta que el oficial-policía hace escribir a Alfred es la síntesis retocada de un documento descubierto en la embajada de Alemania por el Servicio de Información francés. El documento original es muy importante para las personas que lo exponen a Dreyfus, ya que contiene importantes informaciones militares que un desconocido —un traidor de la nación— ha enviado al conde Schwartzkoppen, agregado militar en la embajada de Alemania. Este documento es una pieza clave en el juicio entablado contra Dreyfus que recibe comúnmente el nombre de *la lista*. Por múltiples razones que veremos más adelante, las sospechas se dirigen al capitán Alfred Dreyfus.

Tras copiar el encabezamiento de la carta, Dreyfus llega al pasaje que más interesa al comandante Du Paty de

Clam. Este pasaje se ha quedado tal cual, sin tachaduras —se trata de la enumeración de la información militar que el autor de la lista dirige al conde Schwartzkoppen—. La escritura de Dreyfus, regular hasta entonces, se ensancha. Du Paty de Clam, persuadido de que Dreyfus se ha turbado con la lectura de lo que el oficial cree que es obra suya, lo interrumpe de repente diciéndole que está temblando. Dreyfus responde que lo único que le pasa es que tiene frío en las manos —hay que señalar que en la calle hace mucho frío y que el capitán aún no ha entrado en calor en la sala del Ministerio que, no obstante, es cálida—. Evidentemente no lo creen y Du Paty afirmará que hacía buen tiempo y que Dreyfus mentía. El informe de Ormescheville, que relata la entrevista entre el oficial de policía y el acusado, y que será registrado el 3 de diciembre de 1894 para el consejo de guerra, dice lo siguiente:

> El señor comandante Du Paty de Clam (...) le hizo escribir una carta en la que se enumeraban los documentos que figuraban en la carta misiva incriminada. En cuanto el capitán Dreyfus se dio cuenta del objetivo de esta carta, su escritura, hasta entonces regular, normal, se hizo irregular y se turbó de manera manifiesta para los asistentes. Interpelado por los motivos de su turbación, declaró que tenía frío en las manos. Ahora bien, la temperatura era buena en los despachos del Ministerio (...) y las primeras cuatro líneas escritas no presentaban ninguna señal de la influencia del frío[2].

2. Los diálogos, declaraciones, réplicas, debates y otros extractos citados en este libro no son en absoluto imaginarios. Para obtener los textos íntegros se pueden consultar las fuentes de información que se indican al final de la obra. Las citas son verídicas, pero a la fuerza incompletas; con su inclusión en el libro se ha pretendido relatar una realidad cercana a los hechos.

El comandante sigue con el dictado, pero de repente se detiene. Con un tono decisivo, se dirige a Dreyfus:

> Queda detenido en nombre de la ley. Se le acusa del delito de alta traición.

Sin explicarle el motivo, lo detienen en el acto. El joven capitán proclama su inocencia e interpela a los otros tres individuos que hay en la sala y que se apresuran a cachearlo. Du Paty de Clam sigue con su interrogatorio —que será breve, pues el informe no sobrepasa las veinte páginas—: ¿Tiene enemigos que quieran tenderle un trampa? ¿Ha salido recientemente de maniobras? ¿Está en contacto con algún miembro de la Sección Técnica de Artillería? Preguntas a las que el capitán Dreyfus no sabe y no puede responder, ya que una bocanada de angustia le oprime el corazón y el alma. Alfred Dreyfus es conducido a la prisión militar de Cherche-Midi sin explicación alguna, sin saber de qué se le acusa.

En la cárcel se viene abajo. Ha sido todo demasiado repentino. No ha podido ver a su familia, no ha podido justificarse. Pero, ¿de qué tendría que justificarse? Alfred tiene el vago presentimiento de que todo se ha urdido para acusarlo a él, judío, con un simple documento escrito de su puño y letra en el que su letra se parece a la del verdadero autor de un documento de espionaje, una lista descubierta en la embajada alemana.

Al día siguiente del arresto de Dreyfus, el comandante Du Paty de Clam ordena el registro del domicilio del capitán, pero no obtiene nada que pueda utilizar en su contra. Sin embargo, este hecho no detiene en modo alguno la puesta en marcha de una investigación que, según las instancias policiales, fue bastante costosa.

ALFRED DREYFUS

Alfred Dreyfus nace en el seno de una familia alsaciana establecida desde hace mucho tiempo en la región. Su bisabuelo, su abuelo y su padre nacieron en Rixheim, un pequeño pueblo alsaciano cerca de Mulhouse, y vivieron en el lado francés desde varias generaciones anteriores. Para demostrar su voluntad de integración en la nación francesa y su preocupación por participar en una economía en pleno desarrollo, el padre de Alfred, Raphaël Dreyfus, afrancesa su apellido (de Dreÿfuss pasa a ser Dreyfus). La familia se instala entonces en Mulhouse. Los Dreyfus, que al principio eran pobres, entran en una situación holgada gracias a la prosperidad creciente de los negocios de Raphaël, que triunfa en el sector textil y funda su propia fábrica de hilados de algodón en 1862. Tras la anexión de Alsacia por Alemania, debido a la derrota de Sedan y a la capitulación de Napoleón III, la familia Dreyfus se decanta por la nacionalidad francesa. Según Alfred, la ocupación alemana es el detonante de su voluntad de abrazar la carrera militar.

Nacido en Mulhouse en 1859, Alfred Dreyfus es el benjamín de una familia de nueve hermanos. Con su hermano Mathieu, que desempeñará un papel importante en la revisión del proceso, se traslada a París decidido a entrar en las mejores escuelas tras una corta estancia en una escuela de Bâle, ¡donde las clases son en alemán! Así, entra en el colegio Sainte-Barbe en 1873. Regresa a este mismo centro unos años más tarde, después de haber aprobado el bachillerato que se ha preparado solo, para preparar su ingreso en la Escuela Politécnica. En 1880 sale de esta famosa escuela militar con grado medio. Tiene en ese momento 21 años. El joven Alfred es nombrado lugarteniente en la Escuela de Aplicación de Fontainebleau y, finalmente, oficial.

A los 30 años, Alfred Dreyfus está en Bourges, donde lo nombran capitán. Entonces decide solicitar su ingreso en la Escuela de la Guerra, que acaba de crearse a imagen y semejanza de la Academia Superior de Berlín. Durante una estancia en París conoce a su futura mujer, Lucie Hadamard, también judía, hija de una familia rica (el padre es comerciante de diamantes). Es la hermana del capitán Hadamard, politécnico agregado en Bourges, como Alfred, que se ha convertido en su amigo. El joven Dreyfus entierra entonces su vida de muchacho, que sus detractores calificaron de disoluta, y se casa el 21 de abril de 1890, al día siguiente de haber aprobado su ingreso en la Escuela de la Guerra.

En esta escuela, Dreyfus brilla por sus excelentes notas y su indiscutible interés. Se licencia con el número nueve de noventa y un candidatos, y enseguida es nombrado oficial en prácticas en el estado mayor del ejército en enero de 1893. La clasificación obtenida se lo permitía. Pero es posible que Alfred Dreyfus también se beneficiara de un cambio de voluntad en el seno del estado mayor del ejército, que a partir de entonces prefirió otorgar los más altos rangos a los oficiales procedentes de las grandes escuelas en vez de a los hombres con rango.

Aquellos años fueron los más felices en la vida de Alfred. Todo le sonreía. El éxito profesional, primero, junto a una situación financiera sin inconvenientes (las fortunas de Dreyfus y Hadamard juntas provocaban la envidia a más de uno) y, en segundo lugar, la alegría de ver cómo su familia se ampliaba con el nacimiento de sus dos hijos: Pierre, el varón, que nace en 1891, y luego Jeanne, en febrero de 1893.

El futuro parecía prometedor, nada impedía que el joven oficial subiese, lento pero seguro, los escalones de una carrera militar sin obstáculos. Cuando fue detenido en 1894, Lucie Dreyfus no había cumplido los 25 años.

El Dreyfus militar era un judío alsaciano orgulloso de pertenecer al ejército francés, al que estaba volcado en cuerpo y alma. El honor y la patria no eran para él palabras vanas. Tenía, según declaró su hijo Pierre, un pensamiento tierno hacia todos aquellos alsacianos oprimidos por el invasor alemán y hacia la Francia derrotada en un conflicto del que sería necesario preparar la revancha. Alfred Dreyfus fue siempre un militar dócil y obediente, respetuoso con la jerarquía y preocupado por no contestar nunca a un mando superior, lo que hizo decir a muchos que él mismo habría podido ser perfectamente más desfavorable a su causa que sus propios detractores. Durante todo el caso, Dreyfus no dejó de confiar nunca en sus superiores honrados y rectos, y de pensar que la verdad se descubriría un día gracias a su intervención. El ejército francés que lo había admitido en sus filas, a él, un judío alsaciano, no podía abandonarlo de manera tan injusta. Esta sumisión ciega le costará cinco años de su vida... La única lucha en que se empeñó Alfred Dreyfus a lo largo del caso fue la restitución de su honor y de su dignidad humana. La fe en la justicia y en el restablecimiento de la verdad le permitió sobrevivir en la isla del Diablo durante su deportación.

Por desgracia, el carácter y la apariencia de Dreyfus perjudicaron enormemente su causa, incluso a ojos de sus propios defensores. No daba pena en el juicio, ni estaba dotado del encanto que hubiera podido garantizarle una imagen favorable. Como militar, sus superiores no tenían nada que achacar a su comportamiento: dijeron de él que tenía mucho ánimo, que era un intrépido caballero, inteligente, que incluso dirigía bien. Sin embargo, no gustaba. Su carácter tímido, cerrado, y su apariencia poco simpática desagradaron a más de uno. La gente allegada a Dreyfus lo describió como un ser tímido, reservado. Era demasiado reservado para ser creíble frente a una opinión pública que lo único que esperaba de él eran lágrimas, lamentaciones, súplicas, incluso confesiones desgarradoras. A Dreyfus también se le reprochó la monotonía de su voz, una voz que todos aquellos que se codearon con él señalaron con el dedo. Una voz desagradable, desprovista de emoción. Y, además, poseía una mirada sin pasión en una época en que estas se desataban. Dreyfus murió con la misma mirada en sus ojos: una mirada que revelaba no haber comprendido el desencadenamiento de las pasiones levantadas a su alrededor. Entonces, ¿los individuos, las personalidades del mundo de las letras, las artes y la política que lo defendieron, lo hicieron por el individuo en sí, por lo que muchos de ellos afirmaron no soportar? ¿Por quién y por qué se pelearon? No fue el hombre el objeto de su defensa, fue un símbolo. Y ese símbolo debía ser completo y estar absolutamente volcado en su causa. Ahora bien, el caso no fue así. Alfred Dreyfus luchó por recuperar su honor perdido, por obtener la readmisión en el ejército, y el antimilitarismo de algunos de sus defensores no podía satisfacerse con esa voluntad. Tras su rehabilitación, no se le perdonó haberse desinteresado de la causa que él mismo había hecho nacer. Pero él no fue en absoluto el responsable, se quiso jugar con él a sus espaldas.

Alfred Dreyfus fue en realidad un ser razonable. Este hombre no expresó ideas ni sentimientos. La correspondencia con su esposa Lucie —¿quizá porque sabía que todo lo que escribiera iba a ser leído?— no revela ninguna efusión de sentimientos. Se dijo de él que no tenía imaginación, que no expresaba sus agitaciones internas, que no se salía del marco asignado al papel que debía desempeñar.

Una vez concluido el caso, Dreyfus volvió con su familia y no la abandonó jamás. En 1901 publicó su correspondencia en el libro Cinco años de mi vida.

La lista

Para que se entienda mejor el alcance de la traición de la que se hizo sospechoso a Dreyfus, conviene hacer algunas aclaraciones sobre la famosa lista. ¿Qué era en realidad? ¿Por qué era tan importante para el estado mayor?

El origen de la detención del capitán Dreyfus se sitúa en el descubrimiento, entre la basura del conde de Schwartz-koppen, agregado militar en la embajada de Alemania, de un documento, la famosa lista. Fue encontrada por la espía regular al servicio de Francia, Marie Bastian, empleada como mujer de la limpieza en la embajada alemana. En la penumbra de la iglesia de Santa Clotilde de París, este documento, como todos los que proceden del Servicio de Información, pasa de la mano de la señora Bastian a la del agente del Servicio. Este procedimiento de comunicación de documentos extranjeros robados en el seno de la misma embajada es lo que se llamará *la vía ordinaria*.

La práctica del registro de la basura del conde, aunque en apariencia pudiera resultar poco creíble, incluso cómica, se revelaba sin embargo como una operación muy fértil, puesto que este individuo tiraba sin distinción tanto documentos oficiales o sus copias, como cartas de amor, dirigidas tanto a mujeres como a hombres, o papeles sin la más mínima importancia. Una mina de oro para el Servicio de Información, dirigido desde 1887 por el coronel Sandherr, antiguo cadete de la Academia General Militar de Saint-Cyr.

La lista es uno de los documentos secretos remitido por la señora Bastian a manos, probablemente, del comandante Henry, agente de información. La lectura de su contenido no dejaba lugar a dudas: se trataba evidentemente de información vendida al extranjero por el canal de la embajada. Y su autor era francés, y un traidor. Su contenido era el siguiente:

> Aunque no tengo noticias que me indiquen que desea verme, le envío, a pesar de ello, algunas informaciones interesantes:
>
> 1. Una nota sobre el freno hidráulico del 120 y la manera en que se conduce esta pieza.
>
> 2. Una nota sobre las tropas de cobertura (se realizarán algunas modificaciones con el nuevo plan).
>
> 3. Una nota sobre una modificación de la artillería.
>
> 4. Una nota relativa a Madagascar.
>
> 5. El proyecto del manual de tiro de la artillería de campaña (14 de marzo de 1894).
>
> Este último documento es extremadamente difícil de conseguir y sólo podré tenerlo a mi disposición dentro de unos días. El ministro ha enviado una cantidad fija a los cuerpos y esos cuerpos son los responsables: cada oficial poseedor debe entregar el suyo después de las maniobras.
>
> Si a usted le interesa tener alguno de ellos, podré con posterioridad tenerlo a mi disposición y entregárselo. A menos que usted desee que lo mande copiar y le envíe la copia.
>
> Voy a salir de maniobras.

El descubrimiento de este documento, de la más alta importancia militar, llega rápidamente a oídos del ministro de la Guerra, el general Mercier. Además de una indignación totalmente comprensible ante esta traición en favor de su enemigo declarado, Alemania, Mercier expresa un gran sentimiento de deseos de venganza con respecto a la derecha, que no ha dejado, en los últimos tiempos, de criticarlo a través de la prensa.

Si pudiera encontrar al culpable de la alta traición, su imagen saldría muy bien parada. El papel del general Mercier en el caso será uno de los más importantes, sin que se pueda realmente confirmar cuáles eran sus verdaderas motivaciones. Este militar liberal, número dos de su promoción en la Escuela Politécnica, católico casado con una inglesa protestante, fue nombrado jefe del Ministerio de la Guerra por su mentalidad tolerante y abierta.

No era un político. Sin embargo, la razón de Estado no le dejaba indiferente. A este hombre, que constantemente debía probar su credibilidad frente al gobierno, por una parte, y, por otra, frente a los nacionalistas y la derecha, que le reprochaban algunas decisiones militares, el caso Dreyfus le permitió asentar su credibilidad. Necesitaba un culpable, y pronto, para aferrarse a él. Su deber era parecer eficaz.

CAPÍTULO 2

El contexto del caso

Para comprender mejor lo que está en juego con el descubrimiento de una traición en el mismo seno del estado mayor del ejército francés (al menos, eso es lo que cree el ministro de la Guerra, el general Mercier), es conveniente situar el contexto social, político y militar de la época, acaparado por el duelo entre Francia y Alemania.

Una Francia en vías de estabilidad

La Francia de la última década del siglo XIX se encuentra en un estado de estabilidad moderada. La población, bastante constante —38.342.000 habitantes en 1891—, aún emigra poco del campo a la ciudad. La población rural es, por lo tanto, ampliamente mayoritaria. Los partidarios de Dreyfus, esencialmente urbanos, tienen dificultades para encontrar apoyo en el conjunto del pueblo francés; el medio rural sigue muy vinculado al ejército y a cierta imagen patriótica de la nación.

Por otro lado, la economía del país está peor de lo que se desearía. Francia pasa del liberalismo económico al proteccionismo del Estado. Es, por tanto, un país en vías de estabilidad, pero que cuenta con muchos movimientos de derecha e izquierda que hacen que esta estabilidad sea frágil. Desde 1890 los movimientos anarquistas llevan a cabo muchas acciones escandalosas (los atentados de Ravachol, el asesinato del presidente Sadi Carnot por parte del anarquista italiano Caserio...).

En cambio, desde 1889, el peligro de la ascensión del general Boulanger se aleja y, con él, el riesgo de la restauración de la monarquía y la caída de la República. Los «oportunistas» —es decir, la mayoría centrista del Parlamento— han ganado la batalla, pero los republicanos desconfían del ejército a raíz del caso Dreyfus.

En efecto, en esta época, los aristócratas son aún muy numerosos en el Parlamento. Sin embargo, poco a poco, profesores, médicos, acceden a los rangos más altos de la jerarquía política y social. La educación, aunque laica en los textos, sigue estando en manos de congregaciones religiosas; las relaciones entre Iglesia y Estado se envenenan, sobre todo porque el gobierno acaba disolviendo las asociaciones religiosas, cortándoles de cuajo la posibilidad de difundir la religión en las escuelas.

Aunque la República empieza a moverse en un medio anticatólico, las ideas democráticas siguen encontrando dificultades para imponerse. A pesar de todo, cada vez más hombres —las mujeres menos— se alejan de la religión cristiana. El anticlericalismo es una de las palabras clave de algunos defensores de Dreyfus.

Paralelamente, desde 1888, el movimiento obrero se liberaliza y amplía. La crisis social empieza a sentirse. La jornada laboral dura entre doce y catorce horas para los hombres, las enfermedades no se tienen en cuenta, el paro aumenta. Las huelgas, cada vez más numerosas, significan el renacimiento del socialismo.

Los sindicatos se convierten en potencias que los republicanos no pueden ignorar y el socialismo tiene cada vez más adeptos entre la clase obrera. Jean Jaurès sale elegido diputado en 1893.

A partir de esta fecha, la izquierda, aunque minoritaria, se hace políticamente fuerte en el Parlamento. Se consolida definitivamente en la vida política.

El ejército francés en 1894

Después de la derrota Sedan, todo un drama nacional, el invasor alemán sitúa sus armas en una cuarta parte del territorio, por lo que se hace imposible concebir una alianza con Alemania, a pesar de los avances de Bismarck. Pero Francia tiene que salir de su aislamiento, ya que los demás países de Europa han firmado un pacto con él (Inglaterra, Austria-Hungría, Italia). Por eso, el gobierno decide acercarse a Rusia, las antípodas de la ideología republicana: es la época de los famosos préstamos rusos.

Las relaciones entre los diplomáticos franceses y alemanes son cordiales pero distantes. La cuestión de Alsacia y Lorena levanta una barrera para el posible entendimiento. La unión con Alemania se ha hecho imposible, y no debe excluirse la posibilidad de un nuevo conflicto que incluso algunos desean. Para Francia, esto implica la reorganización inevitable de sus fuerzas armadas militares, por lo que se adoptan diferentes medidas con el siguiente objetivo: se impone la realización del servicio militar a todos los ciudadanos, los cuerpos militares se reorganizan, se abren las escuelas de instrucción, se instaura la realización de grandes maniobras, se desarrollan nuevos métodos para una guerra moderna; en resumen, se pone en marcha un gigantesco plan de organización de los hombres y de las estructuras.

En lo que se refiere a las armas, la elección se hace sobre el fusil Lebel, con mecanismo de repetición, y el revólver de tambor se convierte en el arma del soldado. La artillería inicia la competencia con Alemania; el famoso cañón 75 aparecerá en 1897; entre el norte y el este se extiende una red defensiva.

Una vez transcurridos los peores años que siguieron a la derrota, la figura del oficial militar adquiere, a ojos de la población, una buena imagen, incluso alcanza un importante prestigio. Objetivo: la revancha.

Sin embargo, para empuñar un arma es necesario defender determinados valores. Ahora bien, la agitación política de los últimos años entre monarquía, imperio y república ha propiciado el nacimiento de interrogantes en el seno de la población militar. ¿Qué hay que defender? ¿Para qué? Ya no hay rey, ni emperador, y los gobernantes se suceden a un ritmo incesante.

El viejo ejército, el que defendía los valores de la monarquía, de una monarquía antaño muy vinculada a la causa militar, se ha desmoronado. Hoy se les dice a los oficiales que hay que defender los valores republicanos.

Sin embargo, muchos militares proceden de la aristocracia y de la burguesía conservadora y católica. El ejército se convierte en un refugio contra el nuevo orden impuesto por el pueblo, ese pueblo que da miedo a los nostálgicos del antiguo orden. Entre los oficiales superiores se observa una vinculación mayoritaria hacia la monarquía. Se preguntan cuál es el papel del ejército en una democracia. ¿El ejército no está hecho para defender al rey y la religión? Al cabo de poco tiempo, la religión ya no tendrá nada que ver con el poder. Por todas estas razones, la mayor parte de los detractores de Dreyfus evocan valores de obediencia y de autoridad a veces utilizados contra los principios de la República. Los oficiales se siguen considerando por encima de las leyes, por encima de todo.

¿Era antisemita el ejército francés? Ninguno de los jefes militares entre 1894 y 1899 puso en duda la culpabilidad de Dreyfus, aunque no fueron los únicos. Sin embargo, las pruebas de su inocencia deberían haberles hecho cambiar de punto de vista. No obstante, se negaron a poner en duda la sentencia de un Tribunal militar. Como consecuencia, durante la Segunda Guerra Mundial, todavía había generales —Godfroy y Weygand— que seguían condenando a Dreyfus. En la época de los hechos, únicamente Lyautey, un futuro mariscal, dudaba de su culpabilidad y no se ilusionaba con las razones que habían desembocado en esta acusación injusta:

> [la opinión pública] grita a muerte contra este judío porque es judío y, hoy, el antisemitismo es lo que prima.

En 1892, un artículo aparecido en *La Libre Parole,* el periódico del nacionalista Édouard Drumont, sobre los militares de origen judío, levanta las iras de los trescientos oficiales franceses de culto judío, que por medio del capitán Crémieu-Foa deciden reaccionar. Crémieu-Foa se bate en duelo con Édouard Drumont el 1 de junio de 1892.

En ese mismo año, otros duelos enfrentan a antisemitas con oficiales judíos, como es el caso del marqués de Morès, redactor de *La Libre Parole,* y el capitán Armand Mayer, que muere. La emoción se intensifica tanto en el seno del ejército como entre la opinión pública. La memoria de este oficial se acaba honrando en un gran funeral. Al ejército no le gusta que sus oficiales mueran.

Los judíos acaban siendo aceptados en el ejército a pesar del antisemitismo creciente. Muchos de ellos, los que se lo merecen desde el punto de vista de sus superiores, alcanzan incluso altos grados militares en el momento en que se desarrolla el caso Dreyfus. Entre los militares nace un espíritu de solidaridad.

Una vasta red de espionaje

A finales de siglo, en la prensa se critica a los militares. La derrota de Sedan ha minimizado su prestigio y promovido la reorganización del ejército. En el seno del estado mayor empieza a nacer una mentalidad nueva: hay que volver a dorar el blasón del ejército y otorgar a Francia nuevos medios militares como perspectiva de «revancha». A partir de entonces, entre los generales del cuerpo se concibe la importancia del espionaje militar y político, casi inexistente hasta 1870.

Francia se encuentra enfrentada a Alemania, el enemigo de siempre —junto a Inglaterra—, y por esta razón desarrolla su Servicio de Información a gran escala. Así se crea la Sección de Estadística, vinculada al segundo despacho del estado mayor general; en realidad, se trata del servicio de espionaje y contraespionaje francés.

En la época de los hechos que nos interesan, la Sección está dirigida por el coronel Sandherr, concretamente desde 1887. Él es el principal brazo ejecutor. Está rodeado de un puñado de oficiales y de algunos agentes ocasionales o permanentes, además de los agentes que actúan en el extranjero, y se dedica a la peliaguda tarea de proporcionar la lista de las personas susceptibles de ser detenidas en caso de guerra contra Alemania.

MAXIMILIEN VON SCHWARTZKOPPEN

Maximilien von Schwartzkoppen era el agregado militar de la embajada de Alemania en el momento del caso Dreyfus. En su basura es donde se había encontrado la famosa lista que había llevado a la cárcel al capitán Dreyfus por alta traición. En sus cubos de basura aparecieron falsos documentos que señalaban la culpabilidad de Dreyfus... La basura de Schwartzkoppen era una verdadera mina de oro...

Schwartzkoppen, conde de Munster, nombrado en la embajada en 1892, gozaba de la absoluta confianza de su superior, el embajador alemán, que aseguró a los franceses que su agregado no cometería el mismo error que su antecesor, repatriado por espionaje antifrancés.

Diplomático perfecto, bueno y diestro, Schwartzkoppen tenía importantes razones para mezclarse en el tráfico de espionaje.

Desobedeciendo las órdenes de su superior, posiblemente ejecutara órdenes de algún estamento aún más alto, las de su jefe supremo, el emperador de Alemania, Guillermo II en persona.

Como muchos otros agregados de la embajada, el coronel Schwartzkoppen mantenía una estrecha relación con otros agregados militares, sobre todo con un italiano, el mayor Alessandro Panizzardi, conocido como Alexandrine. Sus relaciones no sólo fueron profesionales, pues la correspondencia encontrada atestigua que su relación era más íntima de lo que se suponía...

Cuando el coronel fue acusado en el caso Dreyfus, su embajador no quiso creerlo y lo defendió. Incluso se publicó en prensa un desmentido oficial. Durante todo el proceso, otros desmentidos se hicieron públicos. Alemania jamás había solicitado el intercambio de esos documentos secretos. Y Schwartzkoppen

> *afirmó siempre que no trabajó nunca con el capitán*
> *Dreyfus; en cambio, conocía perfectamente a Ester-*
> *hazy, que había venido a verlo con intenciones mani-*
> *fiestas...*
>
> *Schwartzkoppen siguió ocupando durante mucho*
> *tiempo su puesto de agregado sin dejar de realizar*
> *sus actividades de espionaje. Dejó su cargo sin que*
> *nadie lo hostigara. Más tarde escribió en sus memo-*
> *rias,* Les Carnets de Schwartzkoppen. La verité sur
> Dreyfus, *todo lo que sabía sobre el caso (pero, ¿hay*
> *que creérselo todo?).*

La Sección está compuesta, además de Sandherr, por cinco oficiales: el comandante Cordier, adjunto de Sandherr; el comandante Henry; el capitán Lauth, antisemita casi fanático que se dedica a la traducción de los textos alemanes; el capitán Matton, especialista en temas italianos; y, por último, Gribelin, el hombre para todo del Servicio.

Además de estos oficiales hay otro personaje que desempeña un papel esencial: la señora Bastian, agente al servicio de Francia, que opera en la embajada de Alemania, en la que trabaja como mujer de la limpieza de 1889 a 1897. Ella es la que vigila de cerca a los alemanes y la que recoge los documentos y papeles de la basura o intercepta el correo, y entrega estos documentos al intermediario del Servicio de Información francés indicado (en este caso, al comandante Henry). Los documentos conciernen al agregado militar alemán, Maximilien von Schwartzkoppen, nombrado en 1892 en la embajada. Como ya hemos visto anteriormente, la señora Bastian es lo que comúnmente se conoce como la vía ordinaria.

Desde hace algún tiempo, los jefes de los Servicios de Información ha observado que muchos documentos militares importantes han desaparecido. Ciertos testigos, a los que aún no se les puede dar demasiado crédito, han dado nombres. El de Dreyfus está entre ellos... El estado mayor opina que hay espías en todas partes. Por otro lado, espías y contraespías son muy a menudo una única persona y entre los espías de diferentes países se hacen tratos y se organizan entre ellos, en detrimento a veces de las alianzas internacionales.

Durante estos años se lleva a cabo una verdadera caza de brujas: muchos espías que trabajan para Alemania son detenidos: los capitanes Bonnet y Guillot, el empleado del Ministerio de Marina Joseph Greiner, etc. Una ligera psicosis se apodera del ejército francés, que teme por su reestructuración y su integridad.

CAPÍTULO 3

En marcha hacia
el primer proceso

La vía ordinaria es el camino por el que la lista escrita de puño y letra del traidor llega a la Sección de Estadística, dirigida por el coronel Sandherr, el 27 de septiembre de 1894. Aunque, a continuación, el agregado Maximilien von Schswartzkoppen se obstina en negar su imprudencia, se comprueba que el documento procede de su cubo de basura. La lista y otros documentos llegan a manos del comandante Henry, el receptor de los papeles robados en la embajada por la señora Bastian.

La investigación que conduce hasta Dreyfus

Desde el descubrimiento de la lista hasta la detención de Alfred Dreyfus se lleva a cabo una investigación a toda prisa. Esta investigación ha sido ordenada por el ministro de la Guerra, el general Mercier. Pero, ¿qué pista debe seguirse? Los investigadores se encuentran ante un obstáculo. Se sospecha enseguida que el traidor pertenece al cuerpo de oficiales del estado mayor.

El único medio eficaz de comprobarlo es comparar la letra de la lista con la de los oficiales. Se realiza un primer intento entre los diferentes servicios del Ministerio, pero resulta en vano. Como se trata de un manual de tiro de artillería, se piensa en primer lugar que el culpable forma parte de ese cuerpo. Pero la investigación que se inicia no da resultados.

Al final, un lugarteniente coronel, recientemente nombrado, sugiere que los términos del documento indican que el culpable ha debido desempeñar sus funciones en diversos despachos y sólo los oficiales en prácticas tienen ese privilegio. Uno de ellos es el capitán Dreyfus, el único judío, que además está en artillería. La pista conduce inevitablemente a él.

No obstante, se necesita una prueba tangible para inculpar a Dreyfus. Se busca un documento escrito de su puño y letra y se compara su letra con la de la lista. La semejanza resulta sorprendente a ojos de sus detractores. No hay duda.

El cerco se cierra sobre Dreyfus. El único inconveniente a esta sospecha es que, contrariamente a lo que indica la lista, Dreyfus no ha salido de maniobras en los últimos tiempos. Pero este es un detalle sin importancia, una cuestión que se podrá resolver más tarde. Por el momento, ya tienen al culpable.

El general De Boisdeffre, jefe del estado mayor, es puesto al corriente de las novedades. De Boisdeffre conoce a Dreyfus y lo aprecia, lo que no ayuda a Mercier. Sin embargo, Sandherr no pone ningún obstáculo, su antisemitismo lo conduce visceralmente a acusar al capitán.

Otros oficiales superiores a quienes se les pregunta su opinión encuentran buenas razones para desconfiar de ese judío alsaciano, porque además hay una parte de su familia que se ha quedado allí, al otro lado de la frontera, en casa del enemigo alemán.

El general Mercier llama entonces a un especialista, el comandante Du Paty de Clam, versado en grafología y considerado como un oficial inteligente y sutil. Él también es antisemita (su hijo será nombrado responsable de asuntos judíos bajo el gobierno de Vichy).

Tras el peritaje, Du Paty de Clam concluye que las dos escrituras se asemejan, la de la lista y la de Dreyfus, a pesar de algunas reticencias, muy pocas, para frenar la investigación judicial que se inicia con el enfrentamiento, en el despacho del general De Boisdeffre, entre Dreyfus y Du Paty de Clam en la supuesta jornada de inspección general de los oficiales en prácticas.

El general Mercier da a conocer el caso al Consejo de Ministros restringido. Los frágiles lazos diplomáticos que unen a Francia y Alemania corren el riesgo de sufrir las consecuencias de este caso de espionaje. Por tanto, hay que acallarlo, sofocarlo en la medida en que todavía no es completamente seguro. Pero el general Mercier no lo cree así y no está dispuesto a que se ponga en duda su credibilidad y su fe. Y como parece tener cierta influencia entre los ministros, decide que es imprescindible detener al individuo.

La comprobación de las pruebas se activa. Se solicita a un experto en grafología del Banco de Francia, un tal Gobert, que ratifique el peritaje de Du Paty. Sin embargo, este experto no parece convencido de la opinión técnica del comandante Du Paty, y pone en evidencia las numerosas disparidades entre las dos letras.

Entonces, se convoca a otro experto, el jefe del Servicio de Identidad Judicial de la prefectura, Alphonse Bertillon, quien, sin tomar verdaderas precauciones, afirma que se trata de dos escrituras idénticas y, por consiguiente, procedentes de la misma mano.

Du Paty es designado como oficial de la policía judicial y debe proceder a la detención del capitán Dreyfus.

El interrogatorio en el Ministerio se desarrolla como estaba previsto. El acusado escribe al dictado una carta cuando se le pide con una excusa falsa. Du Paty consigue, de esta forma, la prueba definitiva de la culpabilidad de Dreyfus: ¡ha temblado!

Durante el interrogatorio, los componentes de la conspiración han previsto, incluso, que Dreyfus quiera acabar con sus días al verse desenmascarado: colocan un revólver cargado cerca de él para que... El comandante Henry, que desempeñará un papel muy importante en este caso, está escondido detrás de una cortina.

La detención de Dreyfus

Con Alfred Dreyfus en la cárcel, ¿qué ocurre con su familia? Du Paty, que ha ido a registrar el domicilio del acusado, pone al corriente a Lucie Dreyfus inmediatamente. Sin embargo, Lucie no conoce las razones de la detención ni sabe lo que le puede ocurrir a su marido.

Mientras tanto, el capitán se desespera en la cárcel. Casi no come, proclama su inocencia, se golpea la cabeza contra las paredes, ríe y chilla por la noche como un demente, según explican sus guardianes. Únicamente el comandante Forzinetti, el director de la cárcel de Cherche-Midi, se convence rápidamente de la inocencia de su inquilino. Más tarde, esta opinión le supondrá la destitución.

Por otra parte, se llega a decir que, durante la detención, Dreyfus ha confesado su delito al oficial Lebrun-Renault, que después reproduce. Esta confesión estará durante mucho tiempo vertida en el informe abrumador de

EL ANTISEMITISMO EN FRANCIA
A FINALES DEL SIGLO XIX

Después de la Revolución Francesa, los judíos tienen derecho a ejercer cualquier tipo de trabajo y se integran en la sociedad francesa. Tras la Declaración de los Derechos Humanos, los judíos se convierten en ciudadanos completos. En 1886, en Francia hay más de cien mil judíos, mientras que la población total se acerca a los treinta millones de habitantes.

A pesar de todo, a los judíos se les señala con el dedo, se les avergüenza, se les castiga. Esta situación dura desde hace mucho tiempo. Cada uno tiene sus razones para hacerlo.

Lo que es nuevo en este fin de siglo es la institucionalización del antisemitismo, que tiene sus propios órganos de prensa, sus ligas, sus pensadores. El pensamiento antisemita se hace reflexivo, se alía con la moral de la intolerancia a partir de 1880. Escritores, políticos, polemistas, legisladores, estudiantes, aristócratas, la alta burguesía y también una parte de la población son profundamente antisemitas.

El escritor Maurice Barrès se convierte en el portavoz. Jules Soury, en su obra Campagne nationaliste, *dedicada al general Mercier, teoriza sobre el racismo biológico e instaura un estado de guerra entre lo que él llama los franceses, por un lado, y los francmasones, judíos y protestantes, por otro, caracterizados, según él, por un «pensamiento libre, sin tradición, sin servidumbre voluntaria».*

Numerosas obras y artículos de prensa dan la palabra al antisemitismo. De La Francia judía, de Édouard Drumont (1886), se venden cerca de cien mil ejemplares. El periódico La Croix, de tendencia asuncionista, y sus ediciones de provincia multiplican los ataques antisemitas. La prensa de derechas se apodera ampliamente del debate sobre el poder de los judíos que sacude la Francia de finales del siglo XIX. La Libre Parole llega incluso a organizar un debate abierto sobre el tema: «¡Medios prácticos para llegar al aniquilamiento del poder judío!».

En el Parlamento, algunos diputados de extrema derecha no dudan en preconizar la creación de guetos, la deportación e incluso la exterminación de todos los judíos de Francia.

Pero, ¿qué razones hay para que los judíos sean señalados con el dedo? Para los católicos conservadores intolerantes, los judíos simbolizan a los asesinos de Jesús. Para el hombre de a pie, representan esencialmente el poder del dinero y los males que provocan la desgracia de los demás franceses.

El hecho de que suelan ser generalmente extranjeros no es una verdadera razón. En definitiva, se les atribuye la responsabilidad de los problemas económicos e ideológicos de este fin de siglo. El desconcierto imperante pone al margen de la sociedad al judío errante, al intelectual amoral y desarraigado, al artífice del dinero industrial... Se cree que debe de haber obligatoriamente un culpable de la injusticia social, de la desaparición de los valores tradicionales de respeto al poder y de jerarquía, de la ruina de las tradiciones monárquicas, de estas mutaciones profundas relacionadas con el paso de la sociedad tradicional a la sociedad republicana.

En la imaginación de muchos, los judíos son seres sin patria, unos seres errantes que sólo se muestran interesados por el dinero y que urden un vasto plan contra Francia para apropiarse de las riquezas humanas y terrestres (se trata del «peligro judío» tantas veces vaticinado por los antisemitas). Al banquero Rothschild se le hace responsable de la caída de la Unión General, un banco católico.

Para el antisemita, lo primero que hay que defender es la economía francesa y el ejército francés. Esta es *la razón por la que se lleva a cabo una gran campaña contra la intrusión de los judíos en el ejército, y con más motivo su intrusión en el estado mayor. El periódico* La Libre Parole *de Drumont se levanta contra los oficiales judíos nombrados en el ejército desde 1892.*

Esta es la razón de que Alfred Dreyfus empiece a estar mal visto, por su nombramiento como oficial en prácticas en el estado mayor. Un oficial judío, el capitán Crémieu-Foa, reacciona en nombre de los oficiales de su confesión retando a Drumont a un duelo (los dos protagonistas acabarán ligeramente heridos). Este es el primero de una larga serie de duelos.

Sin embargo, el antisemitismo no es solamente un asunto de la extrema derecha. Desde la extrema izquierda, obsesionada por el poder del dinero, se acusa a los judíos de ser los responsables de la miseria de los obreros, de la injusticia social.

Los judíos son extremadamente caricaturizados en esta época. Además de su retrato moral y psicológico, se ataca su aspecto físico, estigmatizándolos con características que pretenden hacerlos identificables.

Así, por ejemplo, los judíos poseen «esa famosa nariz curvada, ojos parpadeantes, dientes apretados, orejas salientes, uñas cuadradas en vez de redondas en forma de almendra, el torso demasiado largo, el pie plano, las rodillas redondas, el tobillo extremadamente salido hacia fuera, la mano blanda y sudorosa del hipócrita y el traidor. A menudo, suelen tener un brazo más corto que el otro»...[3]

Para muchos escritores (Léon Bloy, Maurice Barrès...) y personalidades de todos los ámbitos, los judíos aportan la fealdad del mundo, todos los defectos, todas las ignominias posibles.

---

3. DRUMONT, Édouard, *La France juive, essai d'histoire contemporaine*, Maspon et Flammarion, 1886.

> *Además, como Dreyfus es alsaciano, la ecuación «judío es igual a Alemania» se establece enseguida, y esta asociación de ideas despierta un espíritu de revancha que se apodera de los franceses después de Sedan.*
>
> *Pero ¿es verdad que el caso Dreyfus está completamente relacionado con el aumento del antisemitismo en Francia? Este es un asunto que no resulta tan evidente para algunos historiadores, que recuerdan que muchos antisemitas estaban a favor de Dreyfus. ¿Lo estaban porque sólo pretendían reaccionar contra un error judicial flagrante, o porque los generales incriminados formaban parte de ese gobierno que ellos querían derrotar?*

Alfred Dreyfus. Evidentemente, aunque el condenado niega esta información, Lebrun-Renault vuelve siempre sobre ella.

A partir del 18 de octubre, el comandante Du Paty de Clam acude a interrogarlo a su celda. Le hará muchas pruebas de escritura utilizando las palabras de la lista. También se envía un médico para que atienda al condenado, el cual le receta calmantes.

El 30 de octubre, Dreyfus ve por fin esa famosa lista de la que se le acusa ser el autor y haber enviado al agregado de la embajada de Alemania. En ese momento conoce de qué se le acusa y puede encontrar los argumentos para disculparse: el manual de tiro de artillería del que se habla nunca lo ha tenido en sus manos, tampoco ha ido nunca de maniobras, como el texto indica, y tampoco sabe nada de Madagascar.

Entonces, ¿por qué se le acusa? Poco importa, la investigación ha sido sabiamente iniciada sin que él lo supiera, Du Paty de Clam hace creer que ha revelado las incertidumbres y realizado algunos matices. El general Mercier necesita un golpe de efecto para redorar su blasón. A Dreyfus sólo le queda confesar.

Paralelamente, para ridiculizar al acusado e hinchar el informe del sumario, bastante pobre, se ensañan en inventar para Dreyfus una segunda vida, una mala vida, por supuesto, llena de deudas de juego y de malas compañías. Puesto que no tienen pruebas de ello, se inventan chismes de sus antiguos compañeros oficiales. Según el informe, Dreyfus es una persona arrogante, orgullosa y jactanciosa en cuestión de mujeres. Siempre está jugándose el dinero y pidiendo sin devolverlo. Todo está lleno de pruebas falsas, pero basta que un oficial de policía lo admita para que se crea a pies juntillas. Y el oficial al que se encarga dicho trabajo es el agente de policía Guénée, requerido para elaborar un informe sobre el capitán Dreyfus.

Un nuevo peritaje de la lista por parte del experto Bertillon acaba completando la acusación. Su tesis, la autoforjadura, sostiene que la escritura, no totalmente idéntica a la de Dreyfus, habría sido realizada y redactada por el traidor con la intención de despistar. Así, una vez descubierto, lo que está intentando es falsificar o evitar su parecido.

La lista estaba escrita en un papel muy fino, casi de calco, lo que permitía calcarla y falsificarla sin problemas. Bertillon llega incluso a presentar sus deducciones al presidente de la República, Casimir-Perier, que lo toma más que nada como un «escapado de la Salpêtrière o de Villejuif». Bertillon vuelve a utilizar su demostración durante los juicios que se celebraron después, pero no convence con facilidad a los jueces, pues su tesis es compleja y confusa.

Se llevan a cabo otros exámenes exhaustivos, como el de Pelletier, un verdadero experto que declara a Dreyfus inocente. Los diferentes estudios se contradicen, hecho que frena la acusación contra Dreyfus. La certeza se esfuma. Solamente habrían sido necesarias algunas semanas para que Dreyfus viera cómo se resolvía su caso si la prensa no se hubiera mezclado... y no cualquier prensa sino, claro está, la prensa antisemita.

La instrucción

Entonces se decide la apertura de una investigación judicial. El general Mercier ya no puede echarse atrás. El 3 de noviembre se inicia la instrucción. Está dirigida por el comandante Ormescheville, chivato del primer consejo de guerra. La instrucción es estrictamente confidencial y nunca sale del marco militar. Alfred Dreyfus es sometido a doce interrogatorios. Se le vuelven a hacer las mismas preguntas formuladas por el comandante Du Paty. Igualmente, se llega a las mismas conclusiones. No se produce ningún otro descubrimiento que engrose el informe. El fracaso del registro en su domicilio incita a los investigadores a concluir que el culpable ha destruido todas las pruebas posibles.

El informe de Ormescheville insiste mucho en la vida disoluta del acusado, afirmando la existencia de relaciones entre Dreyfus y mujeres galantes. Alfred Dreyfus no se cansa de desmentir esta frivolidad que se le pretende asignar, así como la mayoría de las relaciones que se le atribuyen. Afirma a voz en grito que las únicas relaciones reales que tuvo acabaron cuando se casó.

En cuanto a su carácter, que la mayoría de sus detractores no cesaron de criticar, hay que señalar que Dreyfus era «muy débil, incluso obsequioso», carácter que, en palabras del comandante Ormescheville, era perfectamente

ALFRED DREYFUS Y EL ANTISEMITISMO

Alfred Dreyfus no refirió nunca su origen judío ni durante sus estudios, ni durante la carrera militar, ni en el momento de su detención, ni en las cartas que envió a su mujer desde la isla del Diablo. ¿Quiere decir esto que no quería mezclar su origen en el asunto en el que involuntariamente estaba inculpado para mantenerse en el plano estricto de la batalla judicial? Esta idea podría ser verosímil. Ante todo, Alfred Dreyfus amaba Francia, su patria, y la manera en que reaccionó correspondía a la de cualquier otro francés injustamente encarcelado.

Muchos oficiales y oficiales superiores aprovecharían su pertenencia a la comunidad judía para verter en el juicio de 1894 testimonios en su contra. Pero estos testimonios estuvieron guiados también por la mirada severa que la mayoría de los individuos dirigen hacia el comportamiento de un hombre que no habla, que no reacciona, que no se emociona como los demás, seguramente debido a su origen racial. Los que se pronunciaron en contra de él influyeron mucho en la opinión de sus antiguos compañeros.

Y por otro lado, ¿no se trataría de una cuestión de interpretación de los testimonios aportados por unos y por otros? Se sabe que los argumentos que más actuaron en su contra fueron su carácter y el hecho de que frecuentara, antes de su matrimonio, algunas mujeres de vida fácil.

conveniente «en las relaciones de espionaje con los agentes extranjeros». Por consiguiente, este individuo sólo podía convertirse en un espía al servicio del enemigo.

Se acusó a Dreyfus de frecuentar mujeres extranjeras, de hablar muy bien el alemán, de ir a menudo a la Alsacia alemana, de plantear muchas cuestiones a sus camaradas referentes al armamento, las maniobras del ejército francés, etc. Todos estos razonamientos lo despres- tigiaron a ojos de los que tenían una buena opinión de él.

El informe del coman- dante se entrega el 3 de di- ciembre. Al día siguiente, Alfred Dreyfus es enviado ante el primer consejo de guerra. Su abogado, el profesor Demange, por fin puede tener conocimiento del informe. Pero ya es tarde...

La reacción de los familiares

Una vez puesta al co- rriente de la detención de su marido, Lucie Dreyfus no puede decir nada a sus fami- liares. Tiene miedo a las represalias. Sin embargo, los acontecimientos se precipitan y no puede ocultarlo por mucho tiempo. Entonces escribe a su cuñado, Mathieu Dreyfus, que se convertirá en uno de los más ardientes de- fensores de Alfred.

Mathieu Dreyfus acude inmediatamente a París, donde pide una entrevista con el comandante Du Paty de Clam. Esta entrevista lo encamina a la idea de que se ha urdido una maquinación contra Alfred, pero se le prohíbe verlo. Mathieu Dreyfus, ayudado indirectamente por su primo político, el filósofo y sociólogo francés Lucien Lévy-Bruhl, entra en contacto con el abogado Edgar Demange.

Para defender a su hermano, Mathieu llama a todas las puertas posibles. Acude a los periódicos, pero la sospecha de traición es demasiado fuerte para que su petición sea tenida en cuenta. Y además, el antisemitismo de algunas personas les conduce de antemano a luchar para que el acusado sea condenado.

CAPÍTULO 4

CAPÍTULO 4

El primer juicio (1894)

Ni el informe firmado por Ormescheville ni las conclusiones del comandante Du Paty de Clam satisfacen al estado mayor. Lo único creíble es la comparación de las dos escrituras, la de la lista y la del dictado escrito en numerosas ocasiones por el acusado. Además, no hay que fiarse sólo del único juicio de los expertos favorables a la similitud de las letras, ya que hay otros expertos que lo rebaten. Mercier lo sabe, pero teme que la libre absolución del acusado lo obligue a dimitir. La culpabilidad sin errores lo arreglaría todo...

Entonces, la dura tarea de revisar la documentación recogida en la embajada de Alemania se pone en manos del comandante Henry, de la Sección de Estadística, para que encuentre algún otro documento que constituya una prueba irrefutable, que sirva para comprometer sin lugar a la más mínima duda al capitán Alfred Dreyfus.

Un informe abrumador: las nuevas pruebas

El comandante Henry rebusca entre toda la documentación que ha caído en sus manos y que le ha proporcionado la señora Bastian. Pero, a pesar del empeño, no encuentra nada que pueda inculpar a Dreyfus. Entonces, ¿dónde puede encontrar la huella del traidor?

Ese canalla de D.

La prueba que busca el comandante Henry la encuentra, o mejor dicho, la fabrica, extrayendo del lote de documentos procedentes de la vía ordinaria, una carta interceptada en abril de 1894 en la cesta de papeles de Schwartzkoppen.

En esta carta, el agregado le indica a Panizzardi que un tal D. le ha proporcionado las informaciones que le transmite a continuación (más tarde se pudo citar el nombre de Jacques Dubois relacionado con Panizzardi). Por medio de este desconocido, Schwartzkoppen entra en posesión de documentos de gran importancia. Esta prueba llama poderosamente la atención de Henry que, en cuanto lee la inicial D., cree haber encontrado la pieza que le falta. Este es el contenido de la carta que Schawartzkoppen dirige a Panizzardi:

> Siento mucho no haber podido verlo antes de irme. Por lo demás, estaré de vuelta en ocho días.
>
> Adjunto le envío doce planos directores de Niza que ese canalla de D. me ha proporcionado con la intención de restablecer relaciones con usted.
>
> Dice que ha habido un malentendido y que seguirá haciendo todo lo que esté en su mano para satisfacerlo. Ha dicho que se había obstinado y que usted no quería saber nada más de él.
>
> Yo le he respondido que estaba loco y que no creía que usted quisiese restablecer las relaciones.
>
> Haga lo que quiera. Adiós. Tengo mucha prisa.

La carta Davignon

Pero Henry no se detendrá. Esta prueba no es suficiente para engrosar un informe digno de ese nombre. Todavía necesita más documentos que inculpen a Dreyfus.

Una carta más antigua, la carta Davignon, anterior a febrero de 1894, le interesa particularmente. Procede de Panizzardi y está dirigida a Schwartzkoppen. En esta carta se habla de un amigo del agregado alemán que parece obrar a escondidas y por su cuenta. Aunque esta carta no supone una prueba irrecusable, Henry la incluye igualmente en el informe.

Las cartas del marqués de Val Carlos

La tarea parece más complicada de lo que el comandante Henry creía en un principio, de manera que se aplica con toda la devoción de un subalterno: no olvidemos que Dreyfus deber ser condenado por alta traición, de ahí depende la carrera del general Mercier...

Pero Henry no encuentra nada que constituya una buena prueba. Entonces, ¿qué puede hacer? ¿Se trata sólo del puro respeto a las órdenes, o hay otras razones? Se llegó a comentar que Henry estaba asociado con Esterhazy y que ambos fomentaban la acusación de Dreyfus para protegerse.

La cuestión es que el comandante pasa a otro registro y se lanza al tráfico de documentos, en resumen, fabrica pruebas falsas...

Durante el primer trimestre del año 1894, el segundo agregado militar de la embajada de España en París, el marqués de Val Carlos, informa a la Sección de Estadística

EL COMANDANTE HENRY

Este hijo de agricultores, héroes de la guerra de 1870, es miembro de la Sección de Estadística dirigida por el coronel Sandherr desde 1893.

Henry es un oficial sin mucho temple, disciplinado y respetuoso con sus superiores. Sin embargo, da muestras de una clarividencia en sus relaciones con los informadores de la Sección, y de astucia en las misiones de espionaje que le confían.

Convencido de la culpabilidad de Dreyfus, no duda en fabricar pruebas falsas, aparentemente en solitario, lo que algunos dudan.

A este respecto hay quien cree que actuó por cuenta de un superior —algunos citan los nombres de los generales Rau y Lauth—; otros ponen en evidencia su relación con el general Gonse; también se le acusa de ser cómplice de Esterhazy, a quien conoció mucho antes de los hechos. Su muerte sigue siendo un misterio: oficialmente, se suicidó. Sin embargo, la visita que le hizo un oficial superior el día anterior a su muerte hace pensar en la sospecha de un suicidio «encargado».

de las actuaciones de los agregados de otras embajadas.

Su correspondencia, falsificada a pedir de boca, toma otro giro; en ella asegura que: «los agregados alemanes tienen en los despachos del estado mayor del ejército un oficial que los informa admirablemente».

El marqués relata la existencia de «uno o varios lobos en su rebaño».

Pero la falsificación de este documento y de muchos otros no es obra de un solo hombre sino que fue llevada a cabo entre el comandante Henry, el coronel Sandherr, un policía agregado en la Sección llamado Guénée y se dice que, también, una personalidad de alto rango.

La defensa

Frente a esta maquinación, que entra en una nueva fase, la de la mentira y la falsificación, la defensa se organiza de una manera bastante tímida. En las grandes instancias no se hace nada para que el juicio tenga lugar públicamente y se realiza a puerta cerrada. Las personalidades con las que Mathieu Dreyfus se ha puesto en contacto para que aporten un certificado de moralidad sobre su hermano no responden. Los oficiales deseosos de hacerse cargo de su defensa son muy pocos. La visita que Mathieu Dreyfus y su hermano Léon realizan al coronel Sandherr se salda con un fracaso, incluso es mal vista por el jefe de la Sección de Estadística.

En la cárcel, Alfred Dreyfus no soporta verse acusado por un delito que no ha cometido. Abandonado a la ignorancia durante un tiempo, la voluntad de defenderse le levanta el ánimo cuando los hechos que se le reprochan le son comunicados.

Cuando por fin puede escribir a su mujer, a principios del mes de diciembre de 1894, es para decirle lo cansado que está, pero también para comunicarle su determinación sobre la postura que piensa mantener: «La cabeza bien alta, mirando al mundo de cara (...). Orgulloso por tu conciencia, debes caminar recto y levantarte», se dice a sí mismo para animarse.

La paradoja de su carrera y de su vida alcanza su paroxismo en las siguientes palabras:

> He trabajado toda mi vida con el único objetivo de la revancha contra ese infame raptor que nos ha quitado nuestra querida Alsacia y me veo así, acusado de traición a este país (...), algo que mi espíritu se niega a comprender.

La fidelidad a su patria y un sentido del honor elevado son sus palabras clave. La cuestión judía no se menciona para nada porque ese no es el problema. La acusación de la que le se inculpa es una estocada a la fidelidad que le profesa a Francia, a su obediencia al ejército. A pesar de su desgracia, sigue teniendo confianza, sobre todo después de saber que su hermano Mathieu toma parte activa en el caso. Alfred lo anima a que se mantenga firme.

En vísperas del consejo de guerra, Alfred Dreyfus está convencido de que este caso saldrá a la luz y de que la verdad guiará el destino a su favor. Cree que «la certeza de mi inocencia entrará en sus corazones».

El consejo de guerra

El primer consejo de guerra que debe juzgar a Alfred Dreyfus se reúne el 19 de diciembre de 1894 en la sala de deliberaciones del primer piso de un viejo hotel de la calle Cherche-Midi, situado enfrente de la prisión militar en que está encerrado el inculpado.

El grupo de personas que se agolpa ante el hotel es poco numeroso, todo el mundo sabe que el juicio se celebrará a puerta cerrada. También están convencidos de que la resolución será fatal para el traidor. Esta es, al menos, la opinión general.

La temperatura es buena en la sala gracias a una enorme estufa que domina un Cristo colgado en la pared. El jurado entra y se instala. El coronel Maurel, presidente del consejo de guerra, llama al acusado. Dreyfus entra y no se da cuenta de lo que le pasa. Realmente no sabe lo que hace allí. ¿Qué quieren de él? ¿Qué ha pasado? ¿Qué error ha cometido para que se le acuse de esa forma?

Perturbado por los últimos días pasados en prisión, en lucha consigo mismo, en busca del ánimo que necesitaba, toma asiento a petición del presidente. Todos aquellos militares sentados allí, enfrente de él, no deberían ser sus jueces, porque él se ha entregado al ejército, ellos deberían ser sus compañeros, sus amigos. ¡Venga, hay que tener confianza! Un militar es recto, justo, no se deja influir por las pasiones. Ganará el pleito, está seguro... Dreyfus, cuando tiempo después relata cómo se inició el caso en el libro *Cinco años de mi vida*, cuenta que aquellas horas fueron para él una verdadera pesadilla.

Los jueces del consejo de guerra están de pie al final de la sala; detrás de ellos esperan los jueces suplentes; luego puede verse al comandante Picquart, en aquel momento delegado del ministro de la Guerra, que posteriormente desempeñará un papel muy importante; al final está el señor Lépine, prefecto de la policía. El consejo de guerra está formado por siete jueces y tres suplentes. Frente al acusado se encuentran el comandante Brisset, comisario del gobierno, y el escribano forense Vallecalle. Mathieu Dreyfus consigue introducirse entre el público restringido que entra en la sala, parece que la orden de juicio a puerta cerrada no se ha dado.

En cuanto el acusado se sienta, empieza el debate. A petición del presidente, Dreyfus da a conocer su identidad: tiene treinta y cinco años, ha nacido en Mulhouse, Alsacia. De repente, el comisario del gobierno solicita que el juicio se celebre a puerta cerrada. Era algo previsible, aunque a la gente le habría gustado poder seguirlo, sobre todo a Mathieu Dreyfus. Se pide al público que abandone la sala. Sólo quedan los jueces, el comisario del gobierno, el abogado Demange, Alfred Dreyfus y los testigos de la acusación. El prefecto Lépine y el comandante Picquart también se quedan. Picquart debe rendir cuentas al ministro de la Guerra. El único defensor de Dreyfus es Demange, que acaba de tener conocimiento del informe que defiende.

El presidente interroga de nuevo a Dreyfus. Evidentemente, Alfred niega los hechos que se le imputan, pero su defensa resulta poco convincente para los miembros del jurado, que esperaban del acusado una actitud que rozase el patetismo y Dreyfus ni siquiera da muestras de emoción. Esta demostración de entereza es recibida como una total indiferencia, que afecta de forma negativa a la credibilidad de sus palabras.

Sin embargo, durante la lectura del auto de acusación, los miembros del jurado se muestran escépticos. Los cargos que se le imputan son flojos. El consejo de guerra parece dudar. Sólo quedan por declarar los testigos de cargo, que no son interrogados hasta el 21 de diciembre. A pesar de la malevolencia de Du Paty, de Henry y de otros oficiales superiores que han acudido para declarar contra el oficial judío arguyendo impresiones sobre la vida y el carácter del acusado, los miembros del consejo siguen sin convencerse del todo.

Las pruebas de escritura solicitadas por Du Paty a Dreyfus se muestran a los jueces, quienes ponen en duda de manera manifiesta los efectos del temblor en la letra. Y para coronar este primer fracaso de la acusación, algunos oficiales que comparecen ante el Tribunal, compañeros de la Escuela de la Guerra o de la caserna de Dreyfus, alaban sus virtudes, mientras que los otros tienen pocas cosas interesantes que declarar. En este estado del proceso, la defensa empieza a entrever la posibilidad de la absolución.

La acusación reacciona, se pone de acuerdo y prepara un plan. Se trata del golpe de efecto organizado por el comandante Henry. Todo parece indicar que, gracias al apoyo de uno de los jueces amigo suyo, Henry es llamado de nuevo a comparecer ante el Tribunal. Allí, de una manera que más tarde será juzgada como teatral por el comandante Picquart, afirma a voz en grito que un informador de honor intachable le reveló, en el mes de marzo, la existencia de un traidor en sus servicios.

Alfred Dreyfus, que comprende el golpe que Henry quiere dar, protesta enseguida y pide poder hablar cara a cara con esa honorable persona. Henry le responde que no puede de ninguna manera revelar el nombre de su informador, pero, en cambio, puede dar el nombre del traidor, dice con fuerza, casi gritando, volviéndose hacia Dreyfus y señalándolo con el dedo: «¡aquí está!». Esta exclamación fue suficiente para impresionar a los jueces y relanzar el debate.

Los diferentes expertos en grafología se presentan al día siguiente. Sus opiniones son siempre contradictorias. Aunque la mayoría de ellos afirma la mayor o menor similitud de las letras, el experto Gobert sigue mostrándose favorable a la inocencia de Dreyfus. El tercer día interviene el experto grafólogo Bertillon, jefe del servicio de identidad judicial de la prefectura. Antisemita de primer orden, ha elaborado un método al que ha llamado la antropología métrica, que permite, a través de los rasgos físicos de la letra, identificar a los delincuentes. Entonces, desarrolla su teoría de la *autoforjadura*: compara las escrituras de la lista y del dictado, y concluye que Dreyfus ha imitado su propia letra queriendo hacer trampa y tomando préstamos de otras escrituras —las de sus allegados—. Una argumentación que deja a los jueces absolutamente perplejos. El presidente de la República, Casimir-Perir, acabó diciendo que el individuo estaba completamente loco.

Otros testigos, favorables y detractores de Dreyfus, acuden para hablar del acusado. Un filósofo y primo de Dreyfus, el posteriormente famoso Lévy-Bruhl, declara en su favor. Pero lo que más preocupa a los jueces son las pruebas de culpabilidad del delito de traición. Por el momento, estas siguen siendo casi inexistentes.

El 22 de diciembre de 1894, el comisario del gobierno, señor Brisset, hace el informe judicial. No aporta nada en concreto, vuelve a repetir lo que ya se ha dicho sobre los hechos. El abogado Demange le sucede durante tres horas. El consejo de guerra sale entonces a deliberar, la balanza se inclina hacia la absolución, pero no hay nada seguro.

Mientras el consejo se apresura a dar un veredicto, la acusación se pone nerviosa. Incesantes vaivenes inquietan al grupo formado por Du Paty, Sandherr, Picquart... ¿Qué está pasando? Los jueces se han marchado a deliberar hace ya mucho rato. ¿Qué están tramando?

En la sala de deliberaciones, al abrigo de miradas indiscretas, la acusación da el golpe final. Se acaba de hacer entrega a los miembros del jurado de un informe hasta el momento no comunicado. La mano de Du Paty sostiene un sobre en el que se hallan las pruebas que tendrán un efecto irreversible. Se trata de las pruebas añadidas y manipuladas por Henry y su camarilla. El carácter secreto que rodea esta entrega ha sido perfectamente calculado. Estas pruebas no se incluyen en el informe oficial porque son comunicadas precisamente en ese momento y, por supuesto, el abogado Demange no tiene conocimiento de ellas. Por tanto, no podrá examinarlas, de tal manera que no podrá preparar contraataque alguno.

Entre las pruebas que se muestran a los jueces, la que tiene la mención «ese canalla de D.» es la que parece causar más impacto sobre el jurado.

Cuando el consejo de guerra vuelve a la sala de audiencia, lo hace para anunciar al acusado Alfred Dreyfus su condena a la deportación perpetua en un recinto fortificado y a la degradación militar. La pena de muerte no puede pronunciarse, ya que son tiempos de paz. El abogado de Dreyfus comunica la triste noticia a la familia, que se viene abajo. Alfred Dreyfus, al principio impasible, sufre en la cárcel una crisis que le produce ataques de locura. Hay que intentar que no muera, y Demange asegura a la familia que solicitará un recurso de revisión.

Antes de su deportación, Alfred Dreyfus pasa la peor de las pruebas: su degradación militar en público.

La degradación

El sábado 5 de enero de 1895 por la mañana, a las ocho cuarenta y cinco, en el gran patio de la Escuela Militar de París, el capitán Dreyfus sufre la mayor humillación a que es posible someter a un soldado: la degradación. Militares, periodistas y diplomáticos asisten al acontecimiento. Dos días antes le habían comunicado al inculpado la desagradable noticia.

Basta con leer un fragmento de la carta que Dreyfus escribe la noche anterior a su mujer, para comprender sus sentimientos respecto a lo que él mismo califica de «el martirio más espantoso que se puede infligir a un inocente».

Frente a esta alucinación, que no es otra cosa que la dura realidad, es interesante leer las líneas del escritor Léon Daudet, testigo ocular y patético del acontecimiento:

(...) Son las nueve. El general saca su sable. Los tambores redoblan. (...) La puerta fatal se abre y deja pasar el horroroso cortejo: cuatro artilleros, entre ellos, el culpable; muy cerca, el verdugo, un ayudante de la guardia republicana. Este pequeño grupo gris llega con paso militar, (...) se detiene algunos metros antes del general. Todos los corazones se estremecen. Reina un silencio tumultuoso. Las nubes se separan: un rayo de sol, breve y elegante, vierte un poco de vida sobre esta muerte peor que la muerte.

El escribano aparece. Lee la sentencia. (...) Enseguida, el ejecutor, una especie de gigante con casco, se acerca al condenado, una silueta rígida y oscura (...). No duda un segundo y se abalanza sobre el quepis, le arranca las insignias, las finas tiras de oro, los galones de la chaqueta y las mangas. El maniquí lo ayuda en la atroz tarea, incluso levanta los brazos. Grita algunas palabras: «¡Inocente! ¡Viva Francia!...» que atraviesan con dificultad el ambiente cargado de angustia.

Afuera, al fondo de la plaza, sobre los pedestales, la multitud se agita y vocifera. Chilla, silba. Es un huracán de ultrajes entrecortados y estridentes. La ira lo conduce hacia el abatimiento y el estupor.

(...) Ahora, el ejecutor está absolutamente inclinado. Activamente, minuciosamente, registra, lacera, corta las bandas del pantalón. Los objetos que caen, ¿son los laureles del honor o pedazos de su vida?

(...) El gigante saca el sable del que fue capitán y, con un golpe seco, último relámpago, lo rompe en su rodilla. Sus restos están por tierra, son lamentables harapos castigados en el puesto de su portador infame, muertos en su lugar y mancillados con él[4].

Pero ese mismo Léon Daudet no se contiene en su declaración en el momento de humillar al culpable, describiendo así su cara de traidor:

(...) Bestia repelente de traición. (...) Aquí está, frente a mí, en la inmediatez de su paso, los ojos secos y la mirada perdida en

---

4. «El castigo», artículo publicado en *Le Figaro* del 5 de enero de 1895.

el pasado, sin duda, pues el futuro ha muerto con el honor. Ya no tiene edad. Ya no tiene nombre. Ya no tiene tez. Es del color del traidor. Su cara es terrosa, plana y baja, sin apariencia de remordimientos, extraña al primer golpe de vista. Es un deshecho de gueto. La expresión de la audacia testaruda que subsiste en él aleja la compasión[5].

En una palabra, y a modo de conclusión, el honor se ha salvado, el traidor ha sido castigado, la patria ya no está en ridículo. Y aunque el condenado clame su inocencia, no se le cree. La gente grita: «¡Muerte a los judíos!», «¡Cobarde!», «¡Judas!», expresiones que tapan sin dificultad los tímidos pero auténticos «¡Viva Francia! ¡Viva el ejército!» de aquellos que personalizan en Dreyfus su odio a lo extranjero. Ese odio, ese rechazo del otro, obligatoriamente culpable, se detecta en las líneas que Maurice Barrès escribió sobre este acontecimiento:

Dreyfus no pertenece a nuestra nación, por lo tanto, ¿cómo iba a traicionarla? Los judíos pertenecen a la patria de la que pueden sacar mayor provecho.

Siendo así, ¿cómo se le puede dar crédito si, genéticamente, su mal es irremediable?

Tras su degradación, Alfred Dreyfus es conducido a la prisión de La Santé, y a pesar de que en el fondo de su alma hay una angustia tenaz, las pocas fuerzas que le quedan lo mantienen con la esperanza de que la luz iluminará su inocencia. Él es inocente, por eso está tranquilo, aunque no lo crean. Solo en su celda, Alfred Dreyfus espera la deportación.

---

5. «El castigo», artículo publicado en *Le Figaro* del 5 de enero de 1895.

La reacción de la opinión pública y la prensa

Toda la prensa se hace eco de la acusación del traidor. Hubiera sido preferible la pena de muerte, incluso para algunos que después serán sus defensores. Por otra parte y, como consecuencia del juicio, el debate sobre la pena de muerte por alta traición se lleva al Parlamento.

Por ahora, todo el mundo lo considera culpable. Clemenceau, que será más tarde uno de sus más activos defensores, lo condena en *La Justice* del 25 de diciembre de 1894 en los términos que siguen a continuación:

> ¡No es otra cosa que un alma inmunda, un corazón abyecto!

Dreyfus es un traidor y nadie, ni siquiera los judíos de Francia, sueñan con defenderlo ni compadecerlo.

Tras la degradación, empiezan a circular rumores referentes a las declaraciones. Los periódicos se adueñan de la situación. ¿Este hecho viene provocado por los mismos periodistas o por los oficiales que trataron con Dreyfus justo antes de la ceremonia (nos referimos al capitán Lebrun-Renault)? Quizá no se sepa nunca. Lo cierto es que el propio presidente de la República, Casimir-Perier, hace que rápidamente cesen los chismes: las relaciones con Alemania no necesitan este tipo de información.

Un hombre humillado

Al día siguiente del juicio de 1894, Alfred Dreyfus firma un recurso ante el consejo de revisión, pero dicho recurso es rechazado el 31 de diciembre. El acusado está desesperado. Se mantiene con vida gracias al afecto de los suyos y a la esperanza de que la verdad sobre su inocencia se descubrirá un día. Y, mientras llega ese día, él no dejará de proclamar su inocencia. Nunca ha dejado de hacerlo. Al ministro de la Guerra, a quien escribe después de su primera condena, le dice:

> Cuando yo me haya ido, que se siga investigando, es la única gracia que solicito.

Pero Dreyfus está solo, sin apoyo, y sólo le queda acatar su terrible destino.

El 17 de enero, por la noche, se le conduce a La Rochelle en tren, encerrado en un vagón transformado en celda. En los andenes, la muchedumbre se agolpa para ver al traidor. Las noticias vuelan. La gente sabe que está ahí. Lo esperan de pie para hacerle pagar su ignominia, para vengar con insultos a la Francia humillada, con gestos amenazadores a su paso, o sólo con suspiros de desaprobación. Cuando por fin sale del tren, la gente lo golpea bajo la mirada de los escoltas, que tienen dificultades para impedir que lo tiren al suelo en diversas ocasiones. Alfred Dreyfus puede comprobar todo el odio que siente el pueblo hacia los traidores y la miseria de su situación, la injusticia de su estado. Tiene frío y las injurias le han dolido más que los golpes.

Más tarde, Dreyfus embarca hacia la isla de Ré. Allí permanece un mes viviendo en condiciones de arresto insoportables (registros regulares, vigilancia continua...). Pero, al menos, puede escribir a su mujer. Lucie puede ir a visitarlo algunas veces.

Por desgracia,lo embarcan sin previo aviso hacia la isla del Diablo, una de las tres islas de Salut, cerca de la Guayana. No ha podido ni siquiera despedirse de su mujer...

Después de una terrible travesía llega a la isla el 13 de abril. La isla es muy pequeña, una verdadera roca de la que no puede escapar. Dreyfus está vigilado constantemente y vive en una pequeña caseta de unos quince metros cuadrados. En los climas ecuatoriales hace muchísimo calor y llueve torrencialmente. Dreyfus cae enfermo a menudo. Las fiebres lo debilitan. Se alimenta poco, le imponen un severo régimen. Su estado de salud es alarmante. En muchas ocasiones, cree ver llegar el fin de sus días. Sólo la esperanza de que se descubra la verdad lo mantiene con vida. Su única espera es una carta de su mujer, desde esa Francia que lo ha acusado de traidor a él, que lo ha dado todo por la patria.

En esta época es cuando Alfred empieza a redactar su diario. También escribe muchas cartas a su mujer, pero toda la correspondencia está controlada, lo que le impide demostrar cualquier tipo de efusividad. Dreyfus busca consuelo a través de las cartas. Lucie lo necesita tanto como él a ella, y ambos se animan mutuamente a resistir.

El honor es una palabra que aparece bastante en sus cartas. Nadie podrá imaginar nunca la gran humillación que sufrió Dreyfus por haber perdido el honor tras su degradación. Tiene que recuperar ese honor. Su mujer y sus hijos son todo lo que le queda y no deja de repetir en sus cartas el afecto que siente por ellos, el dolor que su ausencia le provoca en el corazón...

Alfred Dreyfus también escribe a muchas personalidades implicadas en el caso, incluido el presidente de la República, a quien le pide que aclare la situación.

El 10 de septiembre de 1896, Dreyfus pierde toda esperanza. Sus razones se desvanecen. Ya no puede escribir. Pone punto y final a su diario y lo envía al presidente de la República para que lo haga llegar a su mujer...

El estado de Alfred Dreyfus empeora. El temor a que se escape y las repercusiones que esto tendría en el caso (el rumor, evidentemente falso, de que pueda fugarse se extiende), obligan a la administración penitenciaria, a finales de noviembre de 1897, a construir una alta empalizada alrededor de su caseta, impidiéndole desde entonces que vea el mar. Su salud moral se ve aún más afectada. Su estado físico no mejora, se encuentra al borde del abismo. En este estado, ¿de dónde puede sacar las fuerzas que le permitan creer en la revisión de su caso?

CAPÍTULO 5

El primer intento
de revisión (1895-1898)

Mientras Alfred Dreyfus languidece en su caseta de la isla del Diablo, algunos cambios políticos tienen lugar en Francia. En enero de 1895, el presidente Casimir-Perier presenta la dimisión y ocupa su puesto Félix Faure. Rápidamente se forma un gobierno alrededor de la figura de Jules Méline, que agrupa diversos partidos de derechas y hombres de centro.

El general Mercier es destituido. Antes de abandonar sus funciones, se supone que ha debido de dejar instrucciones sobre el caso Dreyfus. ¿Ha revelado que algunas de las pruebas del juicio eran falsas? ¿Ha referido la razón del Estado para justificar esta práctica ilegal?

Hasta 1897, Alfred Dreyfus ha permanecido un poco olvidado. El traidor fue juzgado y condenado, ya no hay por qué preocuparse. Para la opinión pública, el caso está cerrado. El primer juicio, un simple proceso, aún no se ha convertido en un verdadero caso. Las preocupaciones que están a la orden del día en 1895 son asuntos políticos, entre otros, la ley sobre asociaciones, que prepara la separación entre la Iglesia y el Estado. El anticlericalismo que caracterizaba al equipo gubernamental precedente se modera. La política que se adopta es proteccionista. La alianza francorrusa se dibuja bajo buenos auspicios.

MATHIEU DREYFUS

Dos años mayor que su hermano, Mathieu fracasó en su carrera militar. Tras su descalabro en la Escuela Politécnica, retoma los negocios textiles de su padre.

Cuando conoce la noticia de la detención de su hermano acusado de alta traición, siente una enorme turbación. Sin dudarlo, se compromete en la lucha por el restablecimiento de la verdad y la revisión del veredicto de 1894. La fidelidad que siente hacia su hermano no falla. Aunque viene de una provincia, durante su larga estancia en la capital francesa sabe hacerse aceptar y respetar por la clase parisina.

A pesar de la vigilancia policial a la que es sometido, Mathieu llama a todas las puertas, incluida la de una vidente que le revela la existencia del informe secreto. Para defender a su hermano, resiste sin desfallecer los ataques de la gente que está en contra de Alfred, habla con los políticos y periodistas más influyentes e implica a todas las relaciones que tiene. Llega incluso a hacer circular el rumor de la evasión de su hermano para relanzar el caso. Envía a los periódicos todo lo que tiene como pruebas, documentos, apoyos, etc. La prensa contraria a Dreyfus lo acusa de haber utilizado cantidades astronómicas de dinero procedente de sus amigos judíos, de haber comprado a la gente, políticos, periodistas, artistas, filósofos, polemistas... El famoso «sindicato», como lo denominan los oponentes a la revisión.

Mathieu morirá cinco años antes que Alfred, satisfecho de haber desempeñado bien su papel y haber conseguido para su hermano la victoria.

Durante este tiempo, a pesar del olvido total en que se encuentran la persona y el caso Dreyfus, la defensa empieza a abonar el terreno en la figura de Mathieu Dreyfus. Enseguida, el caso vuelve a salir a la luz...

BERNARD LAZARE

Antes de que el caso Dreyfus lo lance a la categoría de los principales defensores de la comunidad judía, Bernard Lazare es un periodista y escritor de tendencias anarquistas, simpatizante de los grupos revolucionarios. Lo que más le interesa es la lucha contra el capitalismo y no duda en englobar en él a los judíos ricos, dignos representantes, según él, del poder del dinero. Por tanto, sus creencias no están desprovistas en absoluto de cierto antisemitismo, aunque cree en el final de los problemas con la llegada del socialismo y del comunismo, pues estos movimientos provocarán la caída del mercantilismo. Según él, los judíos se integrarán entonces en la población.

Bernard Lazare es de Nimes, originario de una familia de judíos convertidos. Escritor y periodista, funda la revista Les entretiens politiques et littéraires, *que publica escritos de vanguardia.*

Desde el principio del caso, Mathieu Dreyfus se pone en contacto con él. Rápidamente se convence de que hay un error judicial en la acusación. Desde su inicio, la oleada de antisemitismo que se ha desencadenado en la prensa a propósito de este caso de traición le ha chocado bastante y se convence de que esta es una de las principales razones de la detención de Alfred Dreyfus. Entonces empieza a trabajar en la redacción de un largo artículo, una bomba que espera publicar en la prensa, donde revela la existencia de la prueba falsa llamada ese canalla de D. que causará gran alboroto. Pero Mathieu le pide que espere un poco hasta que se ofrezca la oportunidad para hacer estallar la verdad con toda claridad. Lazare se convierte en el principal defensor de Dreyfus a partir del otoño de 1896.

Sin embargo, Bernard Lazare no espera a que llegue la oportunidad para publicar el artículo, y cuando este se publica causa gran conmoción y muchas preocupaciones. En 1896 se implica en la batalla entre periodistas de izquierdas y de derechas sobre la cuestión judía. La lucha lo llevará hasta el duelo contra Drumont, el 18 de junio de 1896.

Desde entonces, Bernard Lazare se presenta como el defensor de todos los judíos, sobrepasando la mirada crítica anticapitalista que antes tenía sobre ellos. Está convencido de que la sociedad francesa es antisemita debido a su profundo cristianismo. Dreyfus representa al mártir. Pero su extremismo, considerado como antirrepublicano por la mayoría de los defensores de Dreyfus, será la causa de su alejamiento. En 1903 muere de cáncer ignorado por todos.

La lucha de Mathieu

Mathieu Dreyfus, que se instala en París a pesar de la derrota sufrida en el primer juicio porque sigue creyendo en la inocencia de su hermano, empieza sus investigaciones. Pero se ve obligado a desconfiar: se ordena que lo sigan, sus más mínimas acciones y gestos son espiados. Su posible detención como cómplice podría ocurrir en cualquier momento. Du Paty de Clam empieza a correr el rumor de que la familia Dreyfus podría haber recibido dinero de Alemania...

Un hombre acude en ayuda de Mathieu. Se trata del doctor Gibert, un viejo amigo del presidente de la República, Félix Faure. Apasionado por el hipnotismo y la clarividencia, lo pone en contacto, a partir de enero de 1895, con una vidente, una tal Léonie, cuyas afirmaciones trastornan a Mathieu.

En primer lugar, cuando todavía nadie sabe que Alfred Dreyfus, que está en la isla de Diablo, necesita usar gafas, esta mujer afirma ver al acusado con ellas; luego adivina, sin que pudiera saberlo previamente, que Mathieu es su hermano y le revela que el culpable pertenece al Ministerio de la Guerra, que conoce a Alfred, y que sus pruebas fueron mostradas en secreto a los jueces durante el proceso. ¡Cuántas revelaciones! Mathieu Dreyfus cree en ella a pies juntillas.

El doctor Gibert confirma a Mathieu la existencia de las pruebas que se mostraron en secreto a los jueces. Gibert se ha encontrado con el presidente de la República en una cita privada y este le ha revelado lo que se había ocultado durante el juicio. Una vez confesado esto, el secreto deja de pertenecer únicamente a varios miembros del gobierno: parece que, antes de irse, Mercier había dado órdenes... La noticia también llega a oídos del abogado de Alfred Dreyfus, el profesor Demange.

Mathieu intenta, entonces, descubrir quién se esconde detrás de la inicial D. de la frase «ese canalla de D.». Casi ha pasado un año y no se ha concretado nada. ¿Qué se puede hacer para defender a Alfred?

La puerta de la justicia sigue estando cerrada para el oficial. Por consiguiente, únicamente es posible actuar a través de la opinión pública. Para conmoverla, sólo hay un periodista capaz de hacerlo. Se trata de Bernard Lazare, y Mathieu Dreyfus se propone encontrarlo.

Nuevos descubrimientos

Reorganización en la Sección de Estadística

El coronel Sandherr cae gravemente enfermo. Una parálisis generalizada se apodera de él y morirá antes de que el

EL COMANDANTE PICQUART

Picquart es el oficial gracias al cual quedan al descubierto los militares responsables del error judicial en el caso Dreyfus. Es un oficial brillante licenciado con el número dos de su promoción en la Escuela del estado mayor. Es inteligente y, sobre todo, absolutamente íntegro. Está ansioso de poder, lo que le hace llevar a cabo operaciones en solitario sin contar con sus superiores.

En 1895 sustituye al coronel Sandherr, entonces gravemente enfermo, a la cabeza del Servicio de Información. En marzo de 1896 descubre el documento llamado «el pequeño azul». De repente se convence de que ha habido un error judicial. Durante el proceso de 1894, al que asistió, no vio el informe secreto que convenció a los miembros del jurado.

Cuando informa a sus superiores de sus descubrimientos, no sabe que acaba de meterse de lleno en una trampa que le costará su carrera, al menos hasta la resolución del caso. Aunque sus superiores lo intentan persuadir de que lo deje, Picquart se obstina en el caso. Se confía a su viejo amigo, el abogado Leblois, pero le prohíbe que diga la verdad a nadie. Sin embargo, este no respeta su compromiso. Acorralado por sus superiores para que haga una reforma en la Sección, Picquart decide revelar finalmente en junio de 1898 lo que sabe en un artículo que se publica en el periódico Le Temps.

Estas revelaciones le suponen su propia detención. Por fortuna, se beneficia de un sobreseimiento al año siguiente y, tras la revisión del caso, vuelve a integrarse en el ejército con el grado de general. Para colmo de ironías, acaba siendo ministro de la Guerra bajo el gobierno de Clemenceau. Este último intentó con esta nominación condenar a los generales acusados por los partidarios de Dreyfus.

caso llegue a su fin. Por tanto, no hay más remedio que sustituirlo. Se piensa en el comandante Picquart, que es nombrado jefe de la Sección de Estadística en julio de 1895. Antes de irse, Sandherr lo pone al corriente de la existencia del informe secreto sobre Dreyfus.

En un principio, Picquart está convencido de la culpabilidad de Dreyfus y no duda de que el informe contiene las pruebas suficientes para inculparlo. A pesar de todo, ante cualquier eventualidad, y porque teme un contraataque de los defensores de Alfred Dreyfus, Picquart intenta hinchar el informe. Por otra parte, refuerza la vigilancia de los espías y los contraespías de la Sección y manda investigar la relación que une a Schwartzkoppen y Panizzardi.

Sin quererlo, al examinar a solas el informe secreto, Picquart hace extraños descubrimientos. El azar y una buena parte de su Sección van a mezclarse también en el caso.

El pequeño azul

El pequeño azul se refiere, en el servicio de contraespionaje, a un papel de telegrama de color azul que acaba de descubrirse, a finales de 1895 o a principios de 1896 —las fechas no están claras—, y que ha sido reconstruido porque anteriormente lo había roto el servicio de Picquart. Este papel es de una importancia capital. El telegrama, que no había sido sellado en correos, es en realidad el primer duplicado de un texto final que sí fue enviado. Este es su contenido:

> Señores:
> Espero ante todo una explicación más detallada que la que me dieron el otro día sobre la cuestión en suspenso. Como con-

secuencia, les pido que me la envíen por escrito para poder juzgar si puedo continuar mis relaciones con la casa R., o no.
Firmado: C.

En el lugar de la dirección estaba escrito lo siguiente:

Señor Comandante Esterhazy
Rue de la Bienfaisance, 27

La C designa la firma convencional de Schwartzkoppen, lo que puede verificarse en gran cantidad de documentos escritos de su puño y letra.

Al poco tiempo, se intercepta otro documento por vía ordinaria en el que se expresa el descontento del agregado militar alemán con su agente. A los superiores de Schwartzkoppen las transacciones les parecen demasiado caras para el poco interés que tienen para Alemania.

El nombre de Esterhazy es conocido por el comandante Henry. Ambos habían colaborado en la Sección de Estadística durante algunos años. Henry no dice nada sobre Esterhazy a Picquart. Sin embargo, Picquart sabía cosas sobre este individuo, como por ejemplo, las sospechas sobre la posible colaboración de estos dos hombres en la traición, aunque este hecho no ha sido nunca probado.

Picquart inicia entonces una investigación sobre Esterhazy sin contar con sus superiores. En esta situación, piensa en un segundo caso de traición en lugar de pensar en la posibilidad de la conexión con el caso Dreyfus.

La investigación sobre Esterhazy

Gracias a uno de los oficiales del régimen al que pertenece Esterhazy, Picquart se entera de que este se interesa muy de cerca por los documentos de artillería y de que, a veces, manda que los copien. Picquart sigue adelante con su investigación y averigua que Esterhazy tiene problemas económicos.

Por otra parte, se le había visto en dos ocasiones cuando entraba en la embajada de Alemania.

Desgraciadamente, Esterhazy tiene preparada una coartada: había acudido a la embajada alemana a recoger un pasaporte para un superior jerárquico.

Por medio de un agente alemán que trabaja para el conde de la France, Picquart obtiene también la confirmación de que un militar francés actúa por cuenta de Alemania. Pero su nombre no se cita.

Durante el verano de 1896, Picquart se decide a informar a sus superiores de sus sospechas. Pero la investigación se detiene porque, en lo que se refiere al caso, las altas instancias no están interesadas en que vuelva a salir a la luz; se está actuando con prudencia.

En esta época, Esterhazy solicita un puesto en el Ministerio. Escribe muchas cartas que serán interceptadas y caerán en manos de la Sección de Estadística.

El comandante Picquart hace entonces un descubrimiento asombroso: al comparar la escritura de la lista con la de Esterhazy que tiene en sus manos, tiene la revelación repentina de que se trata de la misma letra. Picquart se queda estupefacto.

El comandante Du Paty, a quien enseña los dos documentos, no parece convencido. Bertillon, el experto, intenta convencerlo de que la escritura de Dreyfus ha sido copiada por los judíos para ese documento, y que en absoluto puede tratarse de otra persona. Pero su opinión no convence a Picquart, que tiene la certeza absoluta de que Esterhazy es el traidor que está buscando.

LA VISITA DE UN OFICIAL FRANCÉS

En Los apuntes de Schwartzkoppen. La verdad sobre Dreyfus, *el diplomático alemán narra la visita continuada e insistente de un desconocido preparado para ofrecer sus servicios a Alemania y muchos documentos militares a los que tiene acceso. Esto sucede meses antes de la detención de Dreyfus, en julio de 1894. Este desconocido, revela Schwartzkoppen, no es otro que el comandante Walsin-Esterhazy, jefe del batallón en el 74° Regimiento de Infantería.*

A finales del mes de agosto, la colaboración está ya establecida: los superiores de Schwartzkoppen lo empujan a este intercambio fructífero (se cita también el nombre del emperador Guillermo). Esterhazy, lleno de deudas, no puede más que alegrarse.

El comandante Esterhazy, como lo ha anunciado en la lista, le hace llegar los documentos prometidos a cambio de dinero, evidentemente. Aproximadamente cada quince días, Esterhazy proporciona al agregado alemán documentos militares de todo tipo y, por tanto, sus ingresos aumentan.

Durante todo el proceso de Dreyfus y durante 1895, Esterhazy sigue con estos intercambios. Por desgracia, Schwartzkoppen se da cuenta de algunas «mentiras» y del carácter ficticio de algunos documentos. Con una orden del gobierno alemán, el agente francés es despedido, a la vez que se convierte en un peligro, puesto que ha sido despreciado.

En agosto de 1896, Picquart solicita consultar el famoso informe secreto. No encuentra nada en él que comprometa a Dreyfus, e incluso se sorprende de que esas pruebas tan poco serias hayan servido para condenar a un hombre a la deportación. El error judicial es para él, a partir de ese momento, una certeza.

¿QUIÉN ES ESTERHAZY?

La familia de Esterhazy es una antigua familia húngara establecida en Francia. Esterhazy nace en París en 1847. Como es huérfano, no tiene problemas para inventarse una familia, títulos, glorias militares, es decir, un origen de los más altos en la clase social del momento. Quiere ser militar pero no consigue aprobar el ingreso en la Academia Militar de Cadetes de Saint Cyr. Sin embargo, por mediación de un tío general, consigue que lo nombren lugarteniente en la Legión Extranjera. En 1877 es trasladado al Servicio de Información, donde trabaja como traductor de textos del alemán.

Este individuo que traiciona a Francia es un ser complejo, mitómano e irritable. También es tuberculoso, sufre, se cree perseguido, odia a Francia y le desea los peores males. Traicionará a todo el mundo, excepto a sus hijas.

Cuando la ira se apodera de él, no duda en escribir lo que piensa de Francia, de su ejército y de los militares. Esterhazy se convierte en periodista de La Libre Parole de Drumont, con varios nombres falsos, para poder lanzar todo su odio y su desprecio.

Esterhazy está obsesionado por el dinero y el lujo. Juega y pierde a menudo. Como siempre necesita dinero, lo busca donde puede, en negocios más o menos ilícitos. Está mezclado con la apertura de una casa de citas, tima a su propia familia. Cuando no trafica, pide prestado a todo el mundo y no duda en llamar a las puertas de sus amigos, incluso a la de su antiguo condiscípulo del Instituto Bonaparte, el barón Edmond de Rothschild. El dinero mancilla todas sus relaciones.

Multiplica las relaciones amorosas con mujeres ricas. Por interés, se casa con la hija de un marqués arruinado y de una rica burguesa, Anne de Nettan-

court-Vaubecourt, con la que tendrá dos hijas. Para-
lelamente, alquila un apartamento para una de sus
amantes. Cuando se encuentra irremediablemente
acorralado por las deudas, sólo le queda vender in-
formación a la embajada de Alemania.

El caso Esterhazy sigue siendo en la actualidad un
misterio: ¿Cómo pudo ser defendido por los militares
que sabían que era culpable de los hechos que se le
imputaron? El antisemitismo y la ley de la infalibilidad
militar no son suficientes para dar una explicación. Se
ha llegado a decir que Esterhazy podría haber sido
un agente doble o que su acción sirvió para ocultar
la existencia del cañón 75, entonces en proceso de
fabricación.

Al término de sus investigaciones remite al estado mayor un informe en el que aparecen redactadas sus convicciones y algunas pruebas. Por desgracia, la reacción no tiene el efecto esperado y en lugar de separarse los dos casos, Dreyfus y Esterhazy, se suman. Según la opinión de Picquart, los militares forman un bloque compacto entre ellos, incluso aunque algunos se beneficiaran de la acusación a otros de sus compañeros por un error judicial. Cogiendo el toro por los cuernos, Picquart mantiene una conversación con el general Gonse, subjefe del estado mayor, pero no obtiene un buen resultado. Sin embargo, las cartas están echadas y él irá hasta el final de su convicción, aunque el ministro no apruebe sus gestiones.

En noviembre de 1896, Picquart es trasladado, los generales están hartos de él. Sus intereses vuelven a estar a salvo; el peligro era grande pero ya ha pasado. Con Picquart lejos, el general Gonse retoma el informe y decide, solo o de acuerdo con Henry y los demás generales, crear una prueba que acuse definitivamente a Dreyfus. Hay que darse prisa ya que, por su parte, la familia Dreyfus está actuando. Lucie Dreyfus dirige una carta a los diputados en la que pide explicaciones sobre la existencia de las pruebas secretas que han podido condenar a su marido y que han sido reveladas en un artículo de *L'Éclair*, que ha echado leña al fuego. *Le Figaro* reproduce la carta de Lucie.

La prueba falsa de Henry o el falso Henry

No queda más remedio que fabricar una nueva prueba que acuse irremediablemente a Dreyfus. Esta prueba falsa del comandante Henry o, mejor dicho, estas pruebas falsas, ya que había confeccionado muchas para el informe secreto, son el resultado de recomponer, pegar y reescribir documentos ya existentes.

Evidentemente, los documentos que se falsifican carecen de fecha. Uno de los principales documentos falsificados por Henry, en noviembre de 1896, está redactado en los siguientes términos:

> He leído que un diputado formulará una pregunta sobre Dreyfus. Si se le piden a Roma nuevas explicaciones, yo diré que nunca tuve relaciones con ese judío. Está claro. Si os preguntan, decid lo mismo, ya que nadie deberá saber nunca lo que ha pasado con él.

La carta está supuestamente escrita por el agregado Panizzardi al agregado alemán Schwartzkoppen. Por desgracia, Henry comete errores que posteriormente se revelan como fatales, como por ejemplo, poner uno detrás de otro varios papeles con cuadriculado diferente... El 2 de noviembre de 1896, el estado mayor recibe la carta descubierta por Henry.

La entrada en escena de la prensa

En el momento en que la acusación completa en secreto el informe Dreyfus, una parte de la prensa, en realidad bastante pequeña, se hace eco de las reacciones, que tienen un alcance cada vez más amplio. Émile Zola publica el día 16 de mayo de 1896 un artículo, «Para los judíos», donde denuncia el antisemitismo. En otoño de ese mismo año, la falsa evasión de Alfred Dreyfus se difunde (seguramente lo hace Mathieu Dreyfus) para relanzar el interés sobre el caso. También se polemiza sobre las condiciones de encarcelamiento del prisionero.

La existencia del informe secreto parece ser conocida por algunos periódicos (*L'Éclair*, por ejemplo). Este hecho siembra la confusión en el ánimo de los lectores. La duda se instala y los periodistas empiezan a plantear muchas preguntas a los responsables del estado mayor. En general, la prensa se pregunta quién ha podido dar gato por liebre.

La ilegalidad referente a las pruebas secretas no se acaba de establecer y, en las Cortes, los disputados vuelven a confiar plenamente en el gobierno en todo lo concerniente al caso.

Se publica una segunda versión de la lista de Bernard Lazare bajo el título de *Un error judicial, el caso Dreyfus* en noviembre de 1897. El 10 de noviembre, *Le Matin* publica una copia de la lista. Esterhazy, que teme que reconozcan su escritura, enloquece.

Para Mathieu Dreyfus ha llegado el momento que estaba esperando: podrá mandar que analicen el documento y encontrar por fin al culpable. A través de la prensa publica la lista en toda Francia y adjunta la escritura de su hermano para sensibilizar a la opinión pública sobre la diferencia de las dos letras.

Con Picquart alejado del servicio, Scheurer-Kestner ataca

El coronel Picquart es momentáneamente alejado del servicio. Hay que convencerlo de que no se mezcle más en este asunto. El comandante Henry se encarga de acusarlo de que trabaja para la familia Dreyfus. Para ello, fabrica un nuevo documento falso, supuestamente escrito por Picquart. El ministro de la Guerra es advertido de este hecho y ordena definitivamente el traslado de Picquart a Túnez. El peligro se ha alejado.

Antes de partir, Picquart, que está convencido de que Henry tiene responsabilidades en todo este asunto, se confía a su amigo, el abogado Leblois. Este entra en contacto con el vicepresidente del Senado, Scheurer-Kestner, que luego desempeñará un papel importante en favor de Dreyfus. Pero mientras se espera el golpe de efecto, Scheurer-Kestner promete guardar silencio a Picquart y Leblois y no puede revelar nada. En cambio, puede actuar solo. Entonces manda comparar la escritura de la lista con la de Esterhazy y da a conocer por todas partes que tiene pruebas de la inocencia de Dreyfus.

El presidente de la República, Félix Faure, concede una cita al senador. La cita es un fracaso, Félix Faure se muestra reticente. La entrevista con su viejo amigo, el general Billot, ministro de la Guerra, tampoco da resultado. La prensa se hace eco de su conversación y no se muerde la lengua sobre el vicepresidente del Senado. Sin embargo, Scheurer-Kestner sigue mostrándose tenaz. Desgraciadamente, toda esta operación tendrá efectos negativos y, sobre todo, la confirmación por parte del Consejo de Ministros de que Dreyfus ha sido juzgado correctamente y condenado justamente.

Por otra parte, los generales Gonse y De Boisdeffre, muy molestos por la actitud de Scheurer-Kestner, organizan un desfile militar. Siguen manteniendo a la espera los documentos falsos fabricados por Henry. Estos hombres, obligados a ocultar la verdad para no pasar por mentirosos y falsificadores, harán todo lo posible para salir adelante, corriendo el riesgo de advertírselo a Esterhazy y defenderlo contra todos. Así es como actúan. El comandante Du Paty de Clam es el encargado de esta tarea. Entonces envía anónimamente a Esterhazy, seguramente ayudado por Henry, la carta que sigue a continuación:

Su nombre será objeto de gran escándalo. La familia Dreyfus le acusará públicamente de ser el autor del escrito que sirvió de base en el juicio. Esta familia tiene en su poder numerosos ejemplos de su letra para utilizarlos como prueba.

El coronel que el año pasado servía en el Ministerio, el señor Picquart, es quien ha enviado estos papeles a la familia Dreyfus

(...). La familia Dreyfus pretende perturbarlo publicando su letra en los periódicos para que usted huya a Hungría a casa de sus padres. Eso querría decir que usted es el culpable y entonces pedirían la revisión del juicio para proclamar la inocencia de Dreyfus (...). Queda advertido de lo que esos malvados pretenden hacer para descubrirlo. Ahora le toca a usted defender a su familia y el honor de sus hijos. Apresúrese, ya que la familia Dreyfus actuará para que lo detengan.

Su amiga devota, Espérance.

Al leer esta carta, enviada por una amiga desconocida (su búsqueda dará mucho que hablar a la prensa), Esterhazy queda destrozado. Cuando está al borde del suicidio, tiene un golpe de suerte: el Ministerio de la Guerra entra en contacto con él, de manera velada, para garantizarle protección. Con la ayuda de Du Paty y sus cómplices, empieza a preparar la posibilidad de un contraataque.

La defensa engrosa sus filas, pero sigue siendo débil

A finales de 1897, alrededor de la familia Dreyfus se agrupa cierto número de personas. Además de Bernard Lazare, el diputado Joseph Reinach y Scheurer-Kestner, se encuentran también algunos recién llegados como los escritores Émile Zola, Octave Mirbeau, el diputado socialista Francis de Pressensé y Léon Blum. Anatole France también se adhiere a la causa de Dreyfus; Ludovic Trarieux (antiguo ministro de Justicia) y Lucien Herr, bibliotecario de la Escuela Normal Superior, luchan con fervor en defensa del capitán judío.

Luego también se unen al grupo personalidades del mundo de la universidad y las grandes escuelas: Gabriel

Monod, Gustave Bloch... Las razones de su compromiso se basan en la similitud de ideales: el anticlericalismo, cierta conciencia de las relaciones sociales, el odio al ejército y al antisemitismo. El propio Georges Clemenceau aporta la simpatía y el apoyo de *Le Figaro*, del que lleva las riendas en este mes de noviembre de 1897.

Jean Jaurès, por su parte, se plantea la posibilidad de un error judicial y, aunque es socialista y, por lo tanto, lucha contra los ricos, entre los que se incluye la familia Dreyfus, que no es pobre ni mucho menos, se pone de parte de los defensores de Alfred.

La izquierda no se moviliza especialmente por Dreyfus, el grueso de sus militantes no muestran un entusiasmo especial. A los socialistas, siempre predispuestos a actuar contra los adinerados, les cuesta formar parte de la verdad y la justicia de lo que ellos consideran un conflicto de facciones rivales de la clase privilegiada (algo que afirma el propio Jaurès). Poincaré y Caillaux se unen más tarde. De manera general, los políticos que preparan las elecciones legislativas de 1898 miden así sus posturas.

Hacia el juicio de Esterhazy

El culpable

Esterhazy está en manos de los acusadores, sus cómplices Henry y Du Paty de Clam, pero también de sus superiores, los generales Gonse y De Boisdeffre. El peligro de Picquart está lejos. Han hecho creer que estaba confabulado con la familia Dreyfus en lo que la prensa de extrema derecha llamó el «sindicato», atribuyéndole un inmenso poder generado por el dinero de los judíos. De pronto,

Picquart entra a formar parte de los acusados, de los traidores, se convierte en sospechoso a ojos del gobierno. El 12 de diciembre de 1897, el general Billot levanta contra él una instrucción judicial.

Ante esta situación, la actitud de Esterhazy choca en las altas esferas: escribe gran cantidad de cartas al presidente de la República y a los diferentes generales susceptibles de ayudarlo, a veces con un tono insolente en sus cartas. La duda se ha instalado entre la opinión pública: el parecido de su escritura con la de la lista hacen que se empiece a considerar sospechoso a este individuo.

Además, se produce un nuevo hecho que inclina la balanza a favor de los defensores de Dreyfus: un corredor de banca, que conoce bien a Esterhazy, reconoce su letra cuando compra una copia de la lista, que acaba de ser difundida por todas partes por Mathieu Dreyfus. El corredor entra rápidamente en contacto con el hermano del deportado y le enseña la correspondencia que tiene en sus manos. Mathieu Dreyfus se asombra. Acude a casa de Scheurer-Kestner, que le confirma lo que sabe por parte de Picquart pero que nunca ha podido decir por haberle jurado que mantendría la boca cerrada. Los dos hombres han encontrado por fin al culpable, pero ¿qué pueden hacer?

Hay que ganarse a la opinión pública. *Le Figaro* acepta publicar un artículo, pero este es demasiado confuso y el nombre de Esterhazy no se cita. El contraataque no tarda en aparecer, Henry reacciona en *La Libre Parole*: El oficial al que se acusa, cuyo nombre en ningún momento ha sido revelado, es la víctima de una maquinación del coronel Picquart y de la familia Dreyfus, unidos para defender a los judíos contra el respeto al veredicto de la justicia. Mathieu Dreyfus manda entonces publicar la importante carta de denuncia que ha enviado al ministro de la Guerra:

Señor ministro,

La única base de la acusación dirigida en 1894 contra mi desgraciado hermano es una carta misiva, sin firma ni fecha, que establece que ciertos documentos militares confidenciales han sido entregados a agentes de una potencia militar extranjera.

Tengo el honor de hacerle saber que el autor de ese escrito es el señor conde Walsin Esterhazy, comandante de Infantería (...).

La letra del comandante Esterhazy es idéntica a la de este escrito. Le resultará muy fácil encontrar algún escrito de dicho oficial (...).

No me cabe la menor duda, señor ministro, de que conociendo al autor de la traición por la que mi hermano ha sido condenado, hará justicia enseguida.

Por fin, el nombre del culpable ha sido mencionado. Ahora, todo el mundo lo sabe. Y la opinión pública se conmueve con esta noticia. Para que el éxito de este ataque sea total, Picquart se querella contra Esterhazy.

El gobierno tiene que reaccionar. El 17 de noviembre, ordena al general De Pellieux, comandante militar del departamento del Sena, que lleve a cabo una investigación sobre Esterhazy. La situación es una aparente victoria en el ámbito de los defensores de Dreyfus.

La investigación de De Pellieux

En primer lugar, De Pellieux se encarga de citar a alguno de los implicados. Evidentemente, Mathieu Dreyfus acude para mostrarle las pruebas comprometedoras que tiene en su poder. De Pellieux promete realizar un peritaje. Esterhazy se defiende ante el general negando ser el autor de ese documento: Le dice que Dreyfus falsificó su letra (que consiguió gracias a otro militar). El abogado Leblois también es convocado y exige la condena inmediata de Esterhazy.

De Pellieux no puede actuar solo. Una entrevista con el general De Boisdeffre, jefe del estado mayor general del ejército, le indica el camino que debe seguir: Esterhazy es inocente. ¡Esta convicción procede de una orden superior!

Sin embargo, el Consejo de Ministros exige que la investigación siga su curso. Esterhazy contrata entonces a un abogado. Picquart, que ha vuelto a Francia para aclarar ciertos aspectos del caso, es interrogado los días 26 y 27 de noviembre. De Pellieux se muestra parcial con él, considerándolo un acusado más que un testigo. La investigación parece estancarse y hacerse desfavorable para los defensores de Dreyfus, hasta que interviene un nuevo factor. Una antigua amante de Esterhazy, por deseos de venganza, decide aportar al caso unas cartas en las que todo el odio que Esterhazy siente hacia Francia se manifiesta en términos muy poco agradables:

> Si esta noche vinieran a decirme que mañana me van a matar como capitán ulano acuchillado por los franceses, me sentiría absolutamente encantado...

Y aún hay más:

> Nunca haría daño a un cahorro, pero mandaría que matasen a cien mil franceses sólo por placer...

Le Figaro publica estos párrafos y la opinión pública se conmociona. De Pellieux está molesto por todas las trabas que van apareciendo, pero la prensa que inculpa a Dreyfus argumenta que se trata de una prueba falsa, que lo que se conoce como la «judería» ha pagado mucho dinero a una amante decepcionada... Ante la lentitud de la investigación, una parte de la opinión pública reacciona. El propio Clemenceau se sorprende del hecho en *L'Aurore*:

> ¿Quién protege al comandante Esterhazy? La ley se detiene, impotente ante este aspirante prusiano disfrazado de oficial francés. ¿Por qué? ¿Quién tiembla ante Esterhazy? ¿Qué poder oculto, qué razones inconfesables se oponen a la acción de la justicia? ¿Quién le cierra el paso? ¡Si es necesario, nosotros lo diremos!

Obligado por sus superiores, De Pellieux renuncia a seguir con la investigación, sobre todo, a exigir el peritaje de las cartas con la escritura de la lista. De cualquier forma, el informe secreto sigue estando en manos del estado mayor. Los generales Gonse y De Boisdeffre están muy molestos con este nuevo ataque, que puede desacreditar a Esterhazy. Su absolución sería suficiente para condenar a Dreyfus sin posibilidad de recurso y poner punto final al caso.

En el Parlamento, el 4 de diciembre de 1897, el diputado de derechas Albert de Mun, monárquico, interpela al gobierno sobre el asunto Esterhazy. Su fervor patriótico convence a todos los diputados. Entonces las Cortes deciden votar. Casi por unanimidad, la culpabilidad de Dreyfus es ratificada. Días más tarde, en el Senado se va aún más lejos. Es necesario invocar el honor del ejército para acallar todas las exigencias de revisión. El ejército, cuyos honores militares hicieron perder el juicio a más de uno, será el arma favorita de los detractores de Dreyfus y otros nacionalistas...

A pesar de todo, la investigación de De Pellieux examina las dos escrituras y un ligero peritaje vuelve a condenar a Dreyfus. Nada ha cambiado: Esterhazy está libre de toda sospecha. El 31 de diciembre, un informe sobre la investigación sella la victoria de Esterhazy y su absolución segura.

El juicio de Esterhazy

La perspectiva de un consejo de guerra para juzgar a Esterhazy se hace realidad. El juicio se celebra los días 10 y 11 de enero de 1898. La amenaza de la celebración del juicio a puerta cerrada se cumple, impidiendo así que la parte defensora de Dreyfus oiga la declaración de Picquart. Esterhazy es cuestionado rápidamente. Mathieu declara —sólo desea defender a su hermano— bajo risas y chirigotas; los otros testigos no aportan nada a la causa.

La defensa está atada de pies y manos. Ya no hay nada que hacer. El comandante Esterhazy ha sido absuelto por unanimidad. Algunas exclamaciones de satisfacción acogen la sentencia: «¡Viva el ejército!», «¡Muerte a los judíos!». A través de estas expresiones puede comprobarse cuál es el nivel de la preocupación... y los intereses de unos y de otros.

Para culminar el fracaso del primer intento de revisión, Picquart es detenido y Scheurer-Kestner pierde su puesto como vicepresidente del Senado.

CAPÍTULO 6

El nuevo intento de revisión (1898)

La defensa de Dreyfus se ha debilitado mucho a principios de 1898 debido a los golpes reiterados y bien calculados de los acusadores. La verdad, aunque se sepa tanto en un bando como en el otro del país, no ha sido confirmada de manera oficial. Se actúa como si todas las pruebas acumuladas por los Dreyfus no existiesen. Incluso se ha absuelto al traidor, al verdadero, y se ha dejado que el inocente siga en prisión. La situación debilita los ánimos.

Los generales del estado mayor han maniobrado a la perfección. El honor del ejército está a salvo. La justicia más elemental ha sido ridiculizada en provecho de la razón de Estado y de los intereses personales. Se ha traficado con documentos y se ha sobornado a oficiales por esta razón.

El caso relanzado por Émile Zola

La carta abierta al presidente de la República: «Yo acuso»

Sin embargo, los intelectuales y una parte de la opinión pública no están conformes con lo ocurrido. Hay que reaccionar; semejante injusticia no puede quedar así. Es entonces cuando entra en escena Émile Zola, escritor famoso, sobre todo, por las posturas que adopta y que conmueven a menudo la opinión pública. El 13 de enero de 1898, *L'Aurore* publica una larga carta dirigida por Zola al presidente de la República en la que retoma el caso y dirige graves acusaciones hacia los oficiales superiores que se encargaron del juicio de Dreyfus.

Al principio, escandalizado por la absolución de Esterhazy, «fuelle supremo de toda verdad, toda justicia», Zola desea decir la verdad. Acusa a Du Paty como verdadero responsable del error judicial, y lo presenta como un ser confuso, apasionado por el espiritismo y otras prácticas extravagantes. Su declaración queda desmontada. Pero la parte de responsabilidad de los generales Gonse, Mercier y De Boisdeffre también es citada en la carta, ya que han dejado que todo esto ocurriera y han sido cómplices de esa falsa verdad sin querer acceder a la revisión del caso, aunque muchos piensan que ellos estaban seguros de la culpabilidad de Esterhazy.

Zola pone un gran énfasis en toda la carta sobre el carácter irreversible de cualquier decisión que se toma en las altas esferas del estado mayor y sobre la falta de honradez de los miembros del consejo de guerra que juzgaron a Esterhazy, cuando el asunto había sido ya juzgado y aprobado por el ministro de la Guerra. Por obediencia, los jueces militares no podían invalidar la sentencia de su jefe. La carta de Zola acaba con una acusación múltiple y terrible:

> Yo acuso al lugarteniente coronel Du Paty de Clam de haber sido el artífice diabólico del error judicial (...).
> Yo acuso al general Mercier de haber sido cómplice...
> Yo acuso al general Billot de haber tenido en sus manos las pruebas ciertas de la inocencia de Dreyfus y de haberlas ocul-

tado (...) con un objetivo político y para salvar al estado mayor comprometido.

Yo acuso al general De Boisdeffre y al general Gonse de haber sido cómplices del mismo delito...

La carta sigue con las acusaciones de Zola al general De Pellieux, a los expertos en grafología, al primer consejo de guerra por ilegalidad, etc.; Zola ha revelado todas las responsabilidades. Sin embargo, aunque para Zola el coronel Du Paty tiene mucha importancia, en realidad ha sido sólo uno más; la mención al comandante Henry es prácticamente inexistente, y es este el verdadero cabecilla de la acusación.

Zola, al declarar su desprecio a la posición adoptada sistemáticamente que consiste en defender con la cabeza gacha todo lo que emana de una instancia militar, refiriéndose a los viejos valores clericales y a la falsa idea de la nación y de la razón de Estado, sabe que se expone a la acción de la justicia. Tiene el valor para hacerlo, y lo hace solo, precisando que no tiene nada personal contra los que acusa, pero que ha redactado esa carta por «amor a la verdad, en nombre de la humanidad que ha sufrido tanto y que tiene derecho a la felicidad».

Y para finalizar, declara:

> Mi ardiente protesta es simplemente el grito de mi alma. ¡Que se atrevan a hacerme declarar en audiencia pública y que el sumario tenga lugar a plena luz!

¡Qué audacia tan formidable! Zola es consciente de las consecuencias que puede tener su postura, pero su intervención en el caso Dreyfus es una verdadera bomba lanzada en el medio político. ¡Y qué agudeza al juzgar los sentimientos que guiaron a los responsables del error! La

ZOLA, EL SEDICIOSO

En la época del caso Dreyfus, Émile Zola es un escritor famoso, muy leído y apreciado por un público heterogéneo. Tanto en sus novelas como en sus artículos, las posturas políticas que adopta contra la injusticia son notorias.

En relación con el caso, Zola actúa un poco tarde ante la injusticia que se ha cometido con el capitán judío. En la época del juicio de 1894, el eco de la masa de gente delirante únicamente le sorprendió un poco. Más tarde, le conmueve profundamente el antisemitismo que se respira en el país y se convierte en el portavoz de la primera reacción a través de la prensa.

En noviembre de 1897, Zola entra ruidosamente en la batalla. Le Figaro le ofrece sus columnas. En este periódico escribe: «La verdad está en marcha y nada podrá detenerla». El juicio a Esterhazy le ha indignado profundamente. Aunque está convencido de que el traidor va a ser absuelto, no puede permitirlo, y tampoco que el público no sepa de manera clara la verdad. Su reacción más fuerte será proclamarlo en voz alta. Una vez que el juicio a Esterhazy ha finalizado (también durante el proceso), es cuando Zola escribe su famoso artículo «Yo acuso», una «carta al señor Félix Faure, presidente de la República», que aparece en un periódico que acaba de nacer, L'Aurore (el título es de Clemenceau, en ese momento redactor jefe del periódico). Se imprime una tirada de 300.000 ejemplares de la que se venden dos tercios. En el juicio que se celebra contra Zola, este acaba siendo condenado y obligado a abandonar Francia. Después regresa con todos los honores, pero la enfermedad lo debilita. La causa oficial de su muerte es el mal funcionamiento de su chimenea, pero los rumores de un asesinato empiezan a divulgarse muy pronto. Sus cenizas son trasladadas al Panteón.

intención de Zola es luchar para restablecer el verdadero sentido de la República, de la patria, de la justicia, de la humanidad.

Este escándalo tiene repercusiones importantes. El ámbito de la familia de Dreyfus acaba de encontrar una unidad en su lucha. Ya no se trata sólo de defender cierta idea de Francia y de los franceses. Poco a poco, la situación va encaminándose hacia una división de los franceses en dos grupos distintos —división que algunos dicen que sigue existiendo en la actualidad...

El juicio a Zola (febrero de 1898)

Al día siguiente de la publicación del artículo «Yo acuso», el gobierno está sobresaltado. En el Parlamento, la derecha representa el papel del ejército humillado, ridiculizado por un escritor. Los debates son agitados; se llega incluso a las manos. Jaurès por fin se decide a tomar partido. En un discurso largo y poderoso, fustiga a los generales de esta República y los llama malvados e impostores.

El caso Dreyfus se convierte en un caso político. Presionado por la derecha y por los radicales, el gobierno cede y presenta una denuncia contra Zola. La fecha del juicio se decide inmediatamente. Se celebrará el 7 de febrero de 1898.

El abogado Labori, que defendió a Lucie Dreyfus durante el juicio a Esterhazy, acepta defender a Zola. Hay que organizarse para matar dos pájaros de un tiro: el juicio a Zola debe convertirse en un nuevo juicio a Dreyfus.

Para ello, cita como testigos a casi todos los protagonistas del caso. Picquart, que ha sido mencionado por Zola y acusado por el estado mayor, pasa con anterioridad por una comisión de investigación militar. El juicio dura dos semanas y se desarrolla en quince audiencias, una cantidad considerable. Su repercusión es muy importante. Georges Clemenceau acompaña a su hermano, abogado, que defiende al gerente de *L'Aurore*, acusado a la vez que Zola. La afluencia de público es masiva, de todo tipo y con opiniones controvertidas.

La tarea de la defensa es muy difícil; el Tribunal interfiere en las preguntas que la defensa plantea a los testigos. Los oficiales superiores convocados responden con evasivas, e incluso no responden, amparándose en la causa juzgada en el juicio de 1894. Esterhazy permanece mudo. Ante esta situación, sus silencios repetidos hacen que la balanza se incline a favor de la defensa.

Picquart puede por fin revelar al gran público todo lo que había descubierto y el ensañamiento de sus superiores contra él. Henry, que simula estar enfermo, responde con dificultad y parsimonia. A menudo se pierde en las explicaciones. Se le nota incómodo, Picquart ha revelado todo el tráfico de documentos falsos, es decir, sólo los que él conoce.

El general De Pellieux consigue que la opinión pública se incline hacia el lado de la acusación al invocar el eterno honor del ejército a un jurado que forma parte de los que anteponen a todo la noción de patria y sus valores.

De Pellieux dispone también de un arma temible: el documento secreto conservado en el Ministerio (el «falso Henry») del que se revela su existencia al Tribunal, rodeando esta revelación del misterio que necesitan los secretos de Estado.

Labori solicita entonces que ese documento sea presentado ante el Tribunal. El general De Boisdeffre es llamado a declarar, pero se escuda en la razón de Estado cuando se le pregunta por el documento. Un documento así no se puede enseñar, supondría un gran peligro ante el enemigo... Hay que guardar el secreto ... Hay que confiar en los hombres del estado mayor, saben perfectamente lo que hacen...

Y como la palabra del estado mayor militar no se puede poner en duda, los pobres miembros del jurado no pueden hacer otra cosa que darle la razón. El resultado del juicio es frustrante para la defensa. El veredicto cae como un jarro de agua fría: Émile Zola es condenado a un año de prisión y a pagar 3.000 francos de multa.

Las reacciones

La acusación de Zola hacia el ejército y sus jefes tiene el efecto de una bomba entre la población. Por las calles tienen lugar numerosas refriegas mientras se celebra el juicio. Se organizan muchas manifestaciones espontáneas. Por todas partes se pueden oír insultos racistas. Los judíos son atacados, sus casas y tiendas saqueadas, Zola entra y sale del Tribunal protegido por la policía. El anuncio del veredicto excita aún más la tensión y el odio.

Los defensores de Zola tampoco salen indemnes. Algunos son destituidos de sus funciones. A Picquart lo jubilan del ejército. El presidente del Consejo, Méline, decreta la orden de no hablar más del caso. Pero a pesar de ello, las lenguas se desatan por todas partes. El caso no puede quedar así. Se aprovechan los silencios y algunas confesiones durante el juicio a Zola para confirmar las irregularidades que se cometieron durante el juicio de 1894. «¡Quieren ocultarnos la verdad!», grita la gente. Pero la verdad estallará con fuerza.

En el extranjero, la prensa está indignada por el hecho de que la justicia francesa tenga miedo a la verdad, nadie cree en la culpabilidad de Dreyfus. En lo que se refiere al gobierno alemán, este repite la negación de una posible vinculación con el tal Dreyfus, pero su opinión importa poco al gobierno francés.

El escándalo del «Yo acuso» y el juicio que sigue a continuación han acabado de convencer a los intelectuales, como se los empieza a llamar, para lanzarse a la batalla de la revisión. Es imposible, a partir de ahora, mantenerse al margen de este asunto.

El 14 de enero se firma una petición que exige la revisión del caso Dreyfus. En esta petición pueden encontrarse los nombres de Courteline, Lucien Herr, Édouard Grimaux, Fénéon, René Ghil, Octave Mirbeau, Lazare, Reinach, Leblois, Trarieux, Scheurer-Kestner, Anatole France y Émile Duclaux, director del Instituto Pasteur. *L'Aurore*, *Le Temps* y *Le Siècle* se hacen eco de muchas protestas. También hay otros escritores que se adhieren a la causa Dreyfus, la mayoría de ellos colaboradores de *La Revue blanche* (Mallarmé, Péguy, Blum...) o de la revista *Le Banquet*. Numerosas personalidades del mundo de las letras, de las artes y de las ciencias, sobre todo jóvenes, en busca de un mundo nuevo, se movilizan. Y también lo hacen los estudiantes, esencialmente los procedentes de disciplinas nuevas como la sociología (Durkheim, Lévy-Brhul, Lanson...).

Para todos estos defensores de Dreyfus sólo puede haber una verdad avalada por una investigación seria, guiada por un verdadero espíritu científico y no por impresiones sobre el carácter u opiniones personales. La prensa favorable a Dreyfus representa únicamente el 10 % de la prensa nacional y sólo llega a un pequeño porcentaje de los lectores. En este contexto, en febrero de 1898, Ludovic Trarieux funda la Liga de los Derechos Humanos, que agrupa a todos aquellos que anteponen la verdad y la justicia por encima del Estado y la religión.

A la cabeza de la oposición encontramos a Maurice Barrès y a un grupo de hombres que desprecian a estos «intelectuales» (palabra reciente adoptada por Clemenceau), que quieren asociarse con lo que ellos llaman la «judería mundial». Los detractores de Dreyfus son hombres de letras consagrados, personalidades galardonadas, gente que ha llegado a la cumbre. También encontramos a academicistas, a miembros del Instituto... José María de Heredia, François Coppée, Paul Bourget, Ferdinand Brunetière, Pierre Loti..., a profesores de la Sorbona y a estudiantes de alto nivel, como Émile Faguet., de disciplinas clásicas, como la historia literaria. La Escuela Normal Superior es básicamente detractora de Dreyfus.

Más allá de la lucha por la revisión del juicio y por la justicia, también se lucha, en esta época agitada, contra las instituciones establecidas, la autoridad militar, la Iglesia. De la misma manera, lo que argumentan los detractores de Dreyfus no es tanto la condena de un traidor como la defensa del ejército, de la patria, del honor; algunos incluso defienden la monarquía frente a una democracia que, según ellos, amenaza la estabilidad del país. Y Barrès adelanta la idea de que, aunque Dreyfus fuera inocente, el conflicto entre defensores del nacionalismo y los partidarios de la invasión extranjera intelectual y económica no dejaría de existir.

En las casas de citas se discute el caso. Pueden encontrarse salones favorables a Dreyfus, como el de la señora Strauss y el de la señora De Caillavet (frecuentado por Anatole France); y detractores, como el de la señora De

Loynes (al que acude Jules Lemaître) o el de la señora Adam (que anima Paul Bourget).

En la calle, los incidentes antisemitas se propagan durante las semanas que dura el juicio de Zola, pero ya habían empezado antes. Entre enero y febrero de 1898, en unas cincuenta ciudades, incluida París, se producen manifestaciones. En Marsella, Burdeos, Nancy, Nantes y Dijon los manifestantes se cuentan por miles. Los heridos son muy numerosos y los incendios se propagan por todas partes. En París, en el Barrio Latino, se increpa a Zola durante el juicio, la gente marcha por la calles al grito de «¡Muerte a los judíos!». Se asiste a escenas de pillaje en las tiendas de judíos, a ataques a las sinagogas, a escandalosas manifestaciones callejeras al grito de «¡Viva Francia!».

En Argelia, donde se ha instalado una importante comunidad judía vinculada a la República y mal aceptada por los ciudadanos franceses (el decreto Crémieux ha concedido a los judíos argelinos desde 1870 la nacionalidad francesa; ahora son ciudadanos franceses, lo que disgusta enormemente a los colonos), se desencadenan peleas sangrientas: algunos judíos son lapidados. Se cuentan muchos muertos. El cabecilla de los disturbios se llama Max Régis Milano (será elegido alcalde de Argel en 1900). Su periódico, *L'Antijuif*, difunde las declaraciones más antisemitas. Además, en esta ciudad, Édouard Drumont acaba siendo diputado sin ninguna oposición. El ejército no interviene en estos disturbios antisemitas de Argelia.

Se escriben canciones racistas. La prensa nacionalista se vende como churros. *La Croix* y sus numerosas ediciones provinciales imprimen tiradas de miles de ejemplares. Se trata de una nueva cruzada en defensa de la cristiandad. Los judíos son considerados los responsables del paso no deseado de una sociedad agrícola a una sociedad industrial. Dios es el Dios de la tierra y el progreso es una invención contra natura. Muy pocos católicos son favorables a Dreyfus, pero los que lo son castigan la falta de respeto por el dogma evangélico de igualdad ante Dios. El único escritor católico favorable a Dreyfus y a comprometerse es Charles Péguy, amigo de Bernard Lazare y socialista.

Para los antisemitas, judíos y protestantes se confunden a veces. Los judíos se han mostrado como los enemigos del pueblo, los enemigos del trabajo manual en el que se basan los verdaderos franceses. Representan el capital que ha dominado al pueblo; además, el socialismo francés también es en sí mismo antisemita y acusa a los judíos de ser los responsables de la pobreza porque simbolizan a los ricos, lo que sostienen abiertamente algunos anarquistas como Proudhon. La lucha contra el gobierno es una razón para que algunos socialistas se pongan a favor de Dreyfus.

En lo que se refiere a los judíos, estos se sienten atemorizados y su reacción es casi inexistente. Algunos, pocos, se adhieren sin embargo a la Liga de los Derechos Humanos. Lo que buscan en realidad es integrarse en el seno de la población francesa, más que castigar a los racistas. En esta época todavía no existe un gran sentimiento nacionalista judío; el escritor húngaro Theodor Herzl, promotor del sionismo y de la creación de un Estado judío, aún no tiene muchos seguidores.

El fracaso del segundo intento de revisión

La anulación del juicio de Zola

Después de celebrarse el juicio a Zola, en el ánimo de la opinión pública todavía se palpa la posibilidad de una revisión. Ayuda a esta idea un hecho nuevo: el auto que ha condenado a Zola es anulado por el Tribunal Supremo por razones de orden jurídico. El poder judicial toma posiciones frente al poder ejecutivo, una actitud nueva. El furor y la alegría se mezclan entre la opinión publica. Como reacción, los miembros del Consejo Militar ponen una denuncia contra Zola. El segundo juicio se celebra en Versalles el 23 de mayo de 1898, después de las elecciones legislativas.

Mientras tanto, el general Gonse y sus compinches refunden el informe Dreyfus. Ahora se incluyen más de trescientas cincuenta pruebas. ¡Se necesita a dos hombres para llevar el paquete que las contiene!

Las elecciones de mayo de 1898

Al final de estas elecciones se puede comprobar la continuidad de la separación electoral. Sin embargo, hay unos pocos más nacionalistas de derechas y algunos centristas, como Raymond Poincaré o Jospeh Caillaux, que temen la renovación de la derecha nacionalista y se unen a los radicales. Se crean alianzas contra los nacionalistas.

La mayoría de los diputados están convencidos de la culpabilidad de Dreyfus. Entre los diputados socialistas tampoco hay muchos defensores, pues estos tienen bastante miedo.

Henri Brisson forma un gobierno que comprende los radicales y algunos diputados detractores de Dreyfus. Godefroy Cavaignac es nombrado ministro de la Guerra en sustitución del general Billot, que es un ferviente acusador de Dreyfus. En cuanto toma posesión de su cargo, consulta el informe secreto. De Boisdeffre se preocupa ante esta determinación, sobre todo porque Cavaignac tiene la intención de cambiar el informe de manos. El ministro quiere, en primer lugar, ocuparse de Esterhazy, en quien no tiene ninguna confianza, pero quiere también dar el golpe definitivo eliminando cualquier posibilidad de revisión. En el Parlamento, el 7 de julio de 1898, Cavaignac lee las pruebas secretas, «ese canalla de D.» y el «falso Henry» que ha encontrado en el informe, pero no duda un solo instante de su autenticidad. También evoca las famosas confesiones que Dreyfus hizo al capitán Lebrun-Renault en el momento de su detención. La gran mayoría de los diputados y de la opinión pública se tranquiliza, se proclama la victoria de los detractores de Dreyfus. El caso está cerrado, ya no debe hablarse más de él, todas las pruebas están ahí...

¡Son pruebas falsas!

Tras la intervención radical del ministro de la Guerra Godefroy Cavaignac, las esperanzas parecen esfumarse. Aun así, los partidarios de Dreyfus, como también algunos detractores, saben perfectamente que las pruebas presentadas por el ministro son falsas. El ministro se ha burlado de todo el mundo, pero a otras personas les ha ido muy bien...

El discurso de Cavaignac se cuelga en todos los ayuntamientos para que el público pueda leer bien la sentencia. ¡Pero también se cuelgan en su integridad todas las pruebas falsas! Cavaignac ha corrido un riesgo inmenso creyendo que hacía lo mejor. El estado mayor es menos atrevido y teme las consecuencias.

Jean Jaurès hace saltar el polvorín en un artículo que publica en *La Petite République*, en el que denuncia las pruebas presentadas por Cavaignac. Por su parte, Picquart escribe una carta a Brisson, presidente del Consejo, confirmándole que las pruebas son falsas y que, por tanto, no son válidas.

Por otra parte, se produce un nuevo acontecimiento que beneficia a la defensa: Christian Esterhazy, el sobrino del comandante, denuncia a su tío, que le debe dinero. Según dice, tiene muchas cosas que revelar sobre él. Christian Esterhazy afirma haber servido de intermediario entre Du Paty (el estado mayor) y su tío en la época de su acusación.

El juez de instrucción Bertulus se encarga de este caso. Da a conocer al procurador de la República su voluntad de detener a Esterhazy y a su amante por haber escrito las pruebas falsas (las cartas falsas firmadas como Espérance escritas para hacer creer que Picquart formaba parte del clan de los defensores de Dreyfus, del «sindicato», como era conocido).

Esterhazy y su amante son detenidos, y esto pone furioso al ministro de la Guerra. El comandante Henry, citado en casa del juez Bertulus, está desesperado.

Cavaignac quiere vengarse y detiene a Picquart el 13 de julio, acusándolo de haber divulgado las pruebas secretas a su amigo el abogado Leblois. Du Paty de Clam se convierte enseguida en el chivo expiatorio del estado mayor y mantiene la boca cerrada, por supuesto. ¡Hay que disculpar sea como sea al general Gonse y a De Boisdeffre!

El segundo juicio contra Zola es un fracaso. Tras muchas vacilaciones, el escritor sale de Francia y se refugia en Londres. Por otra parte, se declara incompetente al juez Bertulus para seguir con la investigación. A Esterhazy y su amante ya no los molestan, la acusación contra ellos no parece suficiente para inculparlos.

CAPÍTULO 7

El tercer intento
de revisión (1898-1899)

E l capitán Louis Cuignet, entonces encargado de estudiar atentamente las pruebas del informe, realiza un descubrimiento que provoca un cambio radical de la situación. Sin quererlo, este convencido detractor de Dreyfus sirve a la causa de sus enemigos.

Un gran descubrimiento

Al estudiar la famosa prueba mostrada por Cavaignac, que llevaba el nombre de Dreyfus, Cuignet se da cuenta de que es falsa. Es evidente que la carta está formada por dos trozos de papel cuadriculado de colores diferentes. Desgraciadamente, el caso no puede paralizarse, ¡la prueba se ha colgado en todos los ayuntamientos de Francia! ¿Qué puede hacerse sin tener que acusar al culpable y sin dejar al gobierno en mal lugar?

Cavaignac es advertido enseguida. Este hombre, al contrario que sus predecesores, nunca ha pretendido callar la verdad, incluso aunque esta fuera en contra de sus propios intereses.

Se cita a Henry, que ahora es coronel y jefe del Servicio de Información. El 30 de agosto de 1898, Cavaignac en persona lo interroga. Los generales Gonse y De Boisdeffre están presentes, pero no intervienen para defender a su cadete. Henry acaba confesando. Más tarde, el general De Boisdeffre presenta su dimisión.

En cuanto a Esterhazy, es sometido a una investigación seria, pero se defiende bien y acusa a sus antiguos cómplices, incluido al estado mayor, con Du Paty a la cabeza. Pero Esterhazy ha sido dado de baja del ejército y, aprovechando la circunstancia, huye de Francia y se refugia en Bélgica con un nombre falso. Luego se marchará a Londres, desde donde no dejará de hostigar al gobierno con misivas rencorosas.

La detención de Henry

El coronel Henry es detenido y conducido a la fortaleza de Mont Valérien. Está desesperado. Se ha dado cuenta de que sus superiores lo han abandonado. Sin embargo, ¿no es cierto que actuó por su cuenta? Pero, ¿estaba realmente solo en todo este caso? Nadie acude a socorrerlo. Se siente acorralado y acaba ahorcándose en su celda.

Estoy perdido, me han abandonado...

Estas palabras forman parte de la carta que escribe a su mujer antes de morir. Y también:

Tú sabes en interés de quién he actuado.

¿Se refiere con esto a los generales Gonse y De Boisdeffre o quizás a Esterhazy, de quien algunos dicen que era amigo y cómplice desde hacía mucho tiempo?

Las circunstancias de su muerte son muy extrañas: ¿se ha suicidado o lo han empujado a hacerlo? Un oficial ha acudido a visitarlo unas horas antes; ¿sobre qué hablan?

Tras su muerte, Henry se convierte en un héroe nacional para los nacionalistas, que utilizan su gesto como símbolo del honor traicionado, el gesto heroico para salvar a la patria de alguien a quien los judíos han obligado a fabricar pruebas falsas. Sus razones son honorables. Charles Maurras designa el documento manipulado como el «falso patriótico». En diciembre de 1898, *La Livre Parole* lanza una suscripción con la intención de recaudar dinero para la viuda y el huérfano del comandante Henry y de erigir un monumento en su honor. Las suscripciones son muy numerosas, cada una de ellas va acompañada de toda clase de frases antisemitas. Por ejemplo, una cocinera escribe: «Me alegraría ver a los judíos metidos en sus hornos»; un médico propone practicar la vivisección de los judíos, otros pretenden que los cuelguen y otros, incluso, que los quemen. Las suscripciones proceden de todas partes y revelan un «antisemitismo popular, clerical y patriótico»[6], nacido del sentimiento de venganza contra aquellos que llevan las riendas del país.

Las transformaciones inevitables

Estos últimos acontecimientos dramáticos trastornan a la prensa que, casi por unanimidad, solicita la revisión del juicio de Dreyfus.

---

6. PIERRARD, Pierre, *Juifs et catholiques*, Fayard, 1970. Citado en: BREDIN, Jean-Denis, *L'Affaire*, Julliard, 1983.

El presidente del Consejo, Brisson, está molesto. Sabe que la revisión es inevitable, sobre todo porque la prensa se desata contra el gobierno. Quiere ganar tiempo, pero tiene que desembarazarse primero del impetuoso Cavaignac, que rechaza la revisión. La oposición de estos hombres tiene como consecuencia la dimisión de Cavaignac.

El general Zurlinden sucede a Cavaignac y abre una investigación sobre las actividades de Du Paty, a quien se quiere culpar de una gran parte de los errores y traiciones. Pero Zurlinden no es favorable a la revisión. Cree que se trata de una maquinación procedente del ámbito de los defensores de Dreyfus y resta importancia a la responsabilidad de Henry. Por otra parte, el gobierno está muy dividido sobre la cuestión de la revisión. Zurlinden es sustituido por el general Chamoine.

A Picquart se le amenaza con juzgarlo en un Tribunal correccional, juicio que se celebra el día 24 de noviembre de 1898. Se le cita ante el segundo consejo de guerra el 12 de diciembre por haber creado una prueba falsa (el «pequeño azul»). Con muchos rodeos de orden jurídico, el Tribunal Supremo rechaza la destitución de Picquart a la vez que invoca la necesidad de consultar el informe de Picquart. Los magistrados que componen el Tribunal son, sin duda, conservadores, pero piensan que el respeto de la decisión militar no debe poner trabas a la marcha de la justicia, de la legalidad. El riesgo de ser procesado frente a un consejo de guerra desaparece en marzo de 1899.

La nueva comisión de revisión

La nueva comisión de revisión se reúne por fin a partir del 21 de septiembre de 1898, a petición de Lucie Dreyfus.

Su papel no es determinar la inocencia o culpabilidad de Alfred, sino dar su opinión sobre el veredicto al ministro de Justicia, única persona habilitada para apelar en el Tribunal Supremo. Sin embargo, un voto en el Consejo de ministros favorable al sometimiento del caso al Tribunal reabre el caso. La revisión se pone en marcha.

La primera decisión tomada por el Tribunal Supremo es completar la investigación que, según los republicanos, se llevó a cabo de forma precipitada. El abogado de Lucie Dreyfus, Mornard, apela para que el caso se revise. Esta noticia siembra la alegría entre los defensores de Dreyfus. Alfred Dreyfus, de quien no ha llegado nunca una información que comunique su muerte, recibe un telegrama del gobernador en el que le indica la decisión que ha tomado el Tribunal Supremo. La esperanza vuelve a instalarse en él. No todo está perdido. Su condición de preso mejora.

La reacción

En 1898, Paul Déroulède reconstruye la Liga de la Patria, órgano de defensa contra los judíos y en honor al ejército francés y a la nación, que había sido fundado en 1882 y que se había disuelto unos años más tarde. A partir de este momento, la Liga se encarga de conducir el debate en la calle. Se trata de un verdadero movimiento de masas organizado, que ocupa las calles de París haciendo propaganda.

Por su parte, Jules Guérin forma la Liga Antisemita en torno al semanario *L'Antijuif* y se instala en la calle Chabrol. Rodeado de guardaespaldas, propaga la violencia por las calles. Intelectuales y estudiantes detractores de Dreyfus (Coppée, Brunetière, Barrès...) se agrupan bajo la bandera de la Liga de la Patria francesa, que acabará disolviéndose en 1902 por falta de miembros. Enfrentada a ella está la Liga de los Derechos Humanos de Ludovic Trarieux, que lucha siempre por intereses opuestos: contra la imagen tradicionalista de Francia y contra el dominio del ejército y de la Iglesia. Se trata de la lucha por la defensa de la ciudadanía, de la libertad, de la igualdad.

Los nacionalistas no son los únicos en manifestar su descontento. Los obreros se agrupan. Las huelgas se declaran cada vez más a menudo y, aunque no tienen una relación directa con el caso Dreyfus, son el resultado del profundo malestar social y político de finales de siglo.

El gobierno de Brisson tiene problemas, la amenaza de un golpe de estado se viene encima. Chanoine, el ministro de la Guerra, dimite. Brisson fracasa: su gobierno no consigue el apoyo de la mayoría de los diputados.

La ley de la declaración de incompetencia

A finales de 1898, Brisson presenta su dimisión. El presidente Félix Faure nombra a Charles Dupuy para que lo sustituya en la jefatura del gobierno. Charles de Freycinet, favorable a Dreyfus, es nombrado ministro de la Guerra.

Por fin el Tribunal Supremo puede llevar a cabo su investigación. Las audiencias de la Cámara de lo Penal se llevan a cabo del 8 al 14 de noviembre de 1898. Se interroga a los principales actores, excepto a Dreyfus. El Tribunal solicita revisar el informe secreto el 14 de noviembre. El capitán Cuignet, a las órdenes del gobierno y parapetado en la razón de Estado, acaba hablando. Los magistrados se dan cuenta de que el informe de la acusación está vacío.

La opinión general del Parlamento es muy favorable a la revisión del caso, lo que preocupa a los nacionalistas. Las disensiones interiores en el mismo Parlamento hacen que el procedimiento de actuación sea más frágil. Algunos de sus miembros son acusados de favorecer el clan Picquart-Dreyfus.

Con el propósito de acabar cuanto antes con el poder de los magistrados indeseables, el gobierno promueve, a partir del 28 de enero de 1899, un proyecto de ley que otorga a todas las cámaras del Tribunal Supremo el poder de decisión sobre cualquier asunto relacionado con la revisión.

De esta manera, todas las salas del Tribunal deberán reunirse para decidir, y no sólo la Cámara de lo Penal, que se sabe que es más favorable a la justicia que a la razón de Estado. Las demás cámaras son más hostiles a la revisión. La ley se vota. Por tanto, la Cámara de lo Penal queda relevada para actuar en solitario sobre el caso. Esta ley es derogada en 1908.

La muerte de Félix Faure

El 16 de febrero de 1899 se produce la muerte de Félix Faure, presidente de la República, debido a una hemorragia cerebral que le sobreviene en su cama, en el Élysée —en brazos de una amante—. Su muerte trastoca los planes del sector detractor de Dreyfus y hostil a la revisión del caso.

El 29 de febrero, es elegido presidente de la República por el Parlamento Émile Loubet, defensor convencido de Dreyfus. La izquierda festeja su éxito. La derecha, el clan de Déroulède, está turbada, y estallan algunos disturbios. El coche de Loubet es abucheado a su llegada al Élysée.

Déroulède amenaza con sublevar al ejército contra la República y el general De Pellieux es obligado a seguir sus pasos. Pero De Pellieux lo abandona en su propósito y, en vez de los veiticinco mil miembros de la Liga que Déroulède pretende entrenar, sólo consigue doscientos, y en ridículo. Estos hombres, en busca de un general para ir hacia el Élysée, sólo encuentran en su camino al general Roget, que está muy poco convencido de la necesidad de tal manifestación y los encierra en la caserna de Reuilly. Posteriormente serán destituidos y, más tarde, absueltos.

Como reacción, el gobierno de Dupuy aplica una ley referente a las asociaciones: se prohíben las reuniones de más de veinte personas, y las ligas, tanto de derecha como de izquierda, se disuelven (incluida la Liga de los Derechos Humanos).

La sentencia del Tribunal Supremo

Tras muchas peripecias, las tres cámaras del Tribunal se reúnen el 29 de mayo de 1899. Por fin se puede examinar la famosa lista. Esta vez, los debates son tranquilos y claros. El 5 de junio de 1899, el Tribunal anula el juicio celebrado el 28 de diciembre de 1894 contra Alfred Dreyfus, pero lo envía ante el consejo de guerra de Rennes para que se celebre un nuevo juicio. Esta decisión se debe a que el Tribunal, aunque dicte sentencia, sólo está habilitado para declarar la culpabilidad o inocencia del acusado, y no para celebrar un consejo de guerra. ¡No hay que olvidar que Dreyfus es militar!

Los defensores de Dreyfus están contentos. Zola regresa a París el 4 de junio. Picquart y el abogado Leblois son absueltos. Alfred Dreyfus sale por fin de la isla del

Diablo, embarca hacia Francia y llega a Rennes en julio. En la prisión, puede volver a ver a su mujer unos instantes.

La sentencia del Tribunal Supremo trastorna al sector contrario a Dreyfus, que manifiesta su descontento. Las represalias se ceban en los magistrados y en el presidente Loubet, al que un joven aristócrata, el señor de Christiani, golpea con su bastón (sólo en el sombrero) durante una carrera de obstáculos en Auteuil. A los militares tampoco les agrada demasiado la victoria de los defensores de Dreyfus. ¡En el ejército sigue existiendo el honor!

El gobierno de Dupuy cae, criticado por todas partes. Raymond Poincaré, ferviente defensor de Dreyfus, lo sustituye durante un tiempo, pero no llega a formar gobierno. El siguiente en el cargo es Waldeck-Rousseau; el nuevo gobierno está formado, entre otros, por el general De Galliffet en el Ministerio de la Guerra, simpatizante de la causa Dreyfus, y por el socialista Millerand en el Ministerio de Comercio. En su mayoría, el gobierno es favorable a Dreyfus, lo cual provoca la sublevación de los nacionalistas. No obstante, la elección de Galliffet, el masacrador de la Comuna, disgusta a los socialistas. Es un hombre con una autoridad férrea. Desplaza a algunos oficiales recalcitrantes, a los que hablaron demasiado a propósito de Dreyfus.

Por fin, el segundo juicio a Dreyfus está en marcha...

CAPÍTULO 8

El segundo juicio de Dreyfus (1899)

E l segundo juicio se prepara. La ciudad de Rennes ha sido la elegida por su tranquilidad, en detrimento de otras ciudades fronterizas, demasiado arriesgadas, y de las del sur, donde el temperamento es más exaltado. En pleno verano, una batalla campal entre antisemitas y defensores de Dreyfus se salda con siete heridos en el bando nacionalista. El arzobispo de Rennes, un defensor de Dreyfus, tiene incluso que anular la procesión de la Asunción al día siguiente del intento de asesinato del abogado Labori, uno de los dos abogados de Alfred.

La preparación del juicio

Desde el mes de agosto, Rennes está asediada por numerosas personalidades procedentes de todos los ámbitos, incluso del extranjero, de Inglaterra y Alemania sobre todo. Los principales interesados están ahí, pero también puede verse a Barrès, Jaurès, Mirbeau, Poincaré, etc. En la capital francesa sólo se habla de Rennes. La ciudad, sin embargo, mantiene la calma y el ambiente no es comparable a lo que fue París en los días de efervescencia en torno al juicio de Zola, por ejemplo.

Los protagonistas del juicio se agrupan. Alfred Dreyfus ya ha llegado. Por fin ha abandonado su horrorosa prisión de la isla del Diablo. Sus abogados están cerca de él: el abogado Demange, en primer lugar, que ya conoce a Alfred, y el abogado Labori, el defensor de Zola. La relación entre ambos abogados no es del todo cordial.

Por parte de la acusación, se hace frente común en torno al general Mercier, al que muchos consideran el capataz de esta acusación. Todas las miradas se dirigen a él, puesto que ha anunciado, a través de la prensa, que tiene más pruebas secretas en las que está la mano del emperador de Alemania, que ha acusado indirectamente al traidor Dreyfus, y estas pruebas se esperan con impaciencia.

La prensa nacionalista se alegra del efecto que ya están teniendo las pruebas y del resultado del juicio. Todo el mundo, en su bando, sabe perfectamente que la baza es siempre la misma: los miembros del jurado deben elegir entre la liberación de un simple oficial judío o el honor del ejército, ¡que de nuevo ha quedado en entredicho por Mercier y sus amigos!

A Rennes han acudido casi todos los partidarios de Dreyfus para defender su causa. No entienden el juicio de la misma manera que sus adversarios. Para ellos, no se trata de un juicio sobre el honor militar, sino del restablecimiento de la verdad y de la justicia y, sobre todo, el juicio sobre la razón de Estado y la inmunidad que se le otorga con tanta facilidad a los jefes militares.

El consejo de guerra de Rennes

El juicio dura cinco semanas, del 7 de agosto al 9 de septiembre de 1899. Las audiencias tienen lugar en el liceo de

Rennes, en la sala de fiestas transformada en sala de audiencias para la ocasión. Los jueces del consejo de guerra son oficiales que nunca han manifestado opinión partidista a propósito del caso (salvo uno o dos). Esterhazy no se presenta. En su última confesión ha dicho que sí, que había estado relacionado con Schwartkoppen bajo las órdenes del coronel Sandherr.

El 7 de agosto, a las siete de la mañana, la sala se llena. Está abarrotada, al menos hay un millar de personas, de las que casi cuatrocientas son periodistas. ¡Qué manera de convertir un juicio en un espectáculo escandaloso! Cavaignac también está allí, y todos los militares: el general Mercier, el general Billot, el general Zurlinden, todos con uniforme de gala, excepto Chanoine. Mercier se sienta delante, al lado de Casimir-Perier; Du Paty de Clam no ha acudido. El informe secreto ha sido presentado; han sido necesarios dos hombres para traerlo de tantas pruebas que contiene (¡más de trescientas!).

Retrato de un hombre abatido

Los militares se ponen firmes, acaban de llamar a Dreyfus. Puede verse cómo Alfred avanza mecánicamente, como es su costumbre. Hace cinco años que no se ha enfrentado ante este público, ante militares y gente que ha venido de todas partes. Tiene que subir algunos escalones. Hay mucha luz. Alfred se tambalea, pero enseguida se repone. No mostrará ningún otro síntoma de desfallecimiento. Saluda militarmente y permanece inmóvil, esperando que se desarrollen los acontecimientos con respeto y fatalidad. A sus cuarenta años, parece que tiene cincuenta. Su salud es muy frágil, ya no puede comer huevos ni leche porque está enfermo del hígado. Las fiebres lo han debilitado durante su deportación y todavía pueden verse las huellas que le han dejado bajo los párpados hinchados. Incluso Barrès reconoce más tarde haberse sentido conmovido por el aspecto miserable de aquel hombre que venía de lejos aunque, por supuesto, lo cubre de reproches y desprecio.

El silencio en la sala es absoluto. La gente mira al acusado. Está muy delgado y su pelo está completamente blanco. La gran mayoría de los que lo defienden o acusan lo ven por primera vez: es un hombre bajo, rígido, muy reservado como se dijo, y sobre todo, está dotado de un físico que de entrada parece antipático.

El interrogatorio está dirigido por el coronel Jouaust, que aunque es favorable a la revisión, al principio molesta un poco a Dreyfus. Le tiende la lista. Dreyfus se niega a cogerla diciendo que nunca ha escrito eso. Dreyfus lo niega todo, incluido, como se pretendió en un principio, haber confesado su culpabilidad al capitán Lebrun-Renault el día siguiente a su detención en 1894. Con su particular voz sin tono, detalle que dará mucho que hablar, Dreyfus proclama su inocencia, lo niega todo pero sin dejar vencerse por la emoción.

El juicio a puerta cerrada y la declaración de los testigos

Pero entonces se anuncia que el juicio va a celebrarse a puerta cerrada. El consejo de guerra examina los informes militares desde el 8 al 11 de agosto. Fuera, la gente está a la expectativa y, tanto en las calles como en los lugares públicos, las discusiones se suceden. Se espera con impaciencia que Mercier muestre su famosa prueba secreta.

Maurice Paléologue, agregado en el muelle de Orsay, se convence entonces de la inocencia de Dreyfus y, más tarde, elabora un verdadero documento sobre el caso, citando muchas tesis que no todo el mundo comparte.

A partir del 12 de agosto empiezan a declarar algunos testigos. Cuando por fin aparece el general Mercier, toda la asamblea está muy atenta. ¡Su declaración se espera con ansiedad! Dura cuatro horas, pero la decepción es profunda y general, porque Mercier no muestra la prueba que había dicho que tenía, simplemente la menciona diciendo que habría causado un efecto diplomático desastroso ante Alemania. Afirma que no la puede enseñar en ese momento precisamente por esa razón. Todo esto tiene un efecto negativo para la defensa. Mercier sigue afirmando que está profundamente convencido de que Dreyfus es culpable de alta traición y no dejará de estarlo hasta la muerte. En su discurso vuelve a recordar a la sala que lo que se juzgó en 1894 seguía teniendo para él valor definitivo y que el ejército no podía ser puesto en duda en este juicio; esta declaración causa un gran efecto entre los miembros del jurado militar. Por otra parte, decepciona a todos aquellos que, favorables o no a Dreyfus, esperaban por fin un prueba seria. La ausencia de esta prueba alimenta el odio de la prensa, que ve en esto una nueva superchería del estado mayor. Todo parece indicar que vuelven a ganar los detractores de Dreyfus.

No obstante, en el exterior ocurre un incidente que hace saltar el polvorín. La madrugada del 14 de agosto, el abogado Labori es alcanzado por un disparo hecho por un desconocido que escapa sin que pueda ser identificado. Por suerte, el abogado sólo resulta ligeramente herido y puede incorporarse al juicio más tarde. Este hecho tiene un efecto negativo para la oposición.

Del 14 de agosto al 7 de septiembre desfilan setenta testigos de la acusación y cuarenta y cinco de la defensa. La acusación repite lo que ha dicho Mercier. Los testigos se convierten enseguida en acusadores en contra de toda deontología judicial. Los demás generales interrogados, Zurlinden, Billot, Chanoine, se escudan tras el veredicto del Tribunal militar y confían en el informe secreto. Las pruebas están ahí, es cierto, no hay más que hablar... El riesgo diplomático que ha mencionado el general Mercier planea como una espada de Damocles, lo que hace callar a todos los que no desean la revisión del caso Dreyfus.

Picquart es llamado a declarar. Va vestido de paisano. Su exposición es clara, precisa y de una justicia excelente. Para los generales interrogados después, Esterhazy actúa ahora a sueldo de los judíos.

Cuando Labori se reincorpora al juicio no consigue el efecto deseado. Su desavenencia con el abogado Demange tiene que estallar algún día. Los expertos que declaran se van sucediendo y contradiciendo unos a otros...

Un testigo voluntario de último minuto, un antiguo dragón austríaco, sale a declarar y dice que había sido informado con antelación de la traición de Dreyfus en 1894. Rápidamente el jurado se da cuenta de que este hombre es un perturbado mental y su interrogatorio acaba desmontando la acusación que realiza.

La oportunidad de los defensores de Dreyfus consiste en la esperanza de un desmentido oficial que llegue de Berlín o Roma, pero esta declaración oficial no llega. Schwartzkoppen se niega a acudir al juicio. En cualquier caso, el gobierno francés no desea una confrontación, aunque esta haya sido solicitada.

La absolución de Dreyfus parece cada vez menos probable. Además, las declaraciones van alejándose cada vez más de la lista, único documento verdaderamente comprometedor para el inocente Dreyfus. Las declaraciones están dirigidas por Mercier y sus amigos generales. Es más, cuando Mercier vuelve a ser llamado para declarar, concluye ante la audiencia con esta vergonzosa frase:

¡O Dreyfus o yo!

Por otra parte, el grupo nacionalista encabezado por Déroulède ha sido detenido por complot contra el Estado el 12 de agosto. Jules Guérin y sus amigos se han refugiado en su feudo de la calle Chabrol, conocido como el fuerte Chabrol, donde hacen frente a la policía hasta el día 20 de septiembre, fecha en que son detenidos.

El veredicto intolerable

El 7 de septiembre, el representante del gobierno, el comandante Carrière, pronuncia su acusación, apenas comprensible para los escribanos judiciales. Está totalmente convencido de que Dreyfus es culpable, una opinión que va en contra de la mayoría de los miembros del gobierno.

Por otra parte, la desavenencia de los dos abogados de la defensa hace que sea problemática la elección definitiva del defensor. Al final, Labori es apartado del caso, ya que sus altercados con el presidente del Tribunal corren el riesgo de perjudicar la defensa de Dreyfus. El sábado 9 de septiembre, el abogado Demange hace su alegato de defensa, que dura cinco horas. Se trata de una defensa prudente pero sólida. Demange evita atacar al ejército de cara, incluso llega a declarar, de una manera un poco excesiva y aduladora, su respeto hacia la opinión de todos los valerosos oficiales que se han sucedido en el estrado. Pero estos halagos no sirven para la defensa. El comandante Carrière vuelve para replicar; su única petición es que los jueces decidan en privado... Y solicita que se tengan en cuenta las circunstancias atenuantes.

Dreyfus, a quien el presidente llama para que exprese su última opinión, no dice prácticamente nada, la desesperanza se ha apoderado de él. No le salen ni las lágrimas ni los gritos. Los mismos defensores de Dreyfus esperaban de él algo patético, pero el acusado permanece inmóvil, mudo e insensible como... ¡un culpable! ¿Cómo van a creerlo?

Las deliberaciones duran más de una hora. Los jueces vuelven por fin a la sala de audiencia. El coronel Jouaust se apresura a pronunciar el veredicto, que cae como un jarro de agua fría: Dreyfus vuelve a ser condenado de nuevo por cinco votos contra dos. Y esta vez con circunstancias atenuantes. Se piden diez años de prisión para el acusado. En la sala, contrariamente al veredicto del juicio de Zola, no hay protestas, sólo murmullos. Labori pone al corriente a Dreyfus, pero este no se desmorona y pide que se ocupen de su mujer y sus hijos.

Al día siguiente de la sentencia, ¿qué medios les quedan a los defensores del capitán Dreyfus? Prácticamente ninguno. Sin embargo, algunas personalidades como Zola o Clemenceau no pierden la esperanza. En el extranjero no se entiende a los franceses: el caso parecía estar ya aclarado, la inocencia del acusado era clara, evidente. El nuevo veredicto va en contra de la opinión aparente de muchos de los jueces. Entonces, ¿por qué han votado en contra? ¿Por razones de Estado? ¿Por el honor del ejército? ¿Se trata de un defecto de la mentalidad francesa?

El propio Waldeck-Rousseau no puede creérselo. ¿Habrá que proceder a una nueva degradación del capitán

Dreyfus? No lo soportaría, le ha comentado su hermano Mathieu. Por suerte, los jueces del consejo de guerra solicitan por unanimidad que se le ahorre esta suprema humillación. La prensa muestra un intenso reproche. Por todas partes se señala a Francia con el dedo, es una vergüenza.

Waldeck-Rousseau tiene la intención de recurrir el juicio, pero eso significaría ponerse en contra del ejército, además de que un tercer juicio acabaría matando a Dreyfus, que ya se encuentra muy débil. Tampoco se trata de volverlo a enviar a prisión. Sólo hay una solución posible, una solución que propone el propio presidente del Consejo.

El indulto

El indulto, esta es la única solución que permitiría establecer la diferencia entre la opinión del gobierno y la justicia militar. Y es la mejor manera de apaciguar a todo el mundo sin condenar directamente la decisión de los jueces militares. Pero para que el indulto sea entendido como tal, es necesario que Dreyfus retire su recurso de casación. Esto quiere decir que debería contentarse con el perdón, lo que no eliminaría su presunción de culpabilidad. El indulto sólo puede ser aceptado por los defensores de Dreyfus (Clemenceau, Millerand, Reinach...) a condición de que la batalla por la defensa de su honor sea posible: tiene que haber alguna compensación. Alfred Dreyfus, más débil que nunca, cede y firma finalmente la retirada de su recurso. El 19 de septiembre de 1899, el Consejo de ministros adopta la decisión de indultarlo.

CAPÍTULO 9

Hacia la rehabilitación
(1900-1906)

G racias al indulto, Dreyfus es libre por fin, una felicidad que al menos atenúa un poco la afrenta realizada contra su honor, pero que no equivale a una rehabilitación. Mathieu va a buscar a su hermano y lo lleva a Carpentras, a casa de su hermana. Lucie y sus hijos lo esperan con impaciencia. El reencuentro se convierte en un momento inolvidable para este antiguo habitante de la isla del Diablo. No paran de abrazarse. Por fin tienen por delante un futuro nuevo, sereno. Se han acabado las largas jornadas de espera en la celda, vencido por las fiebres y con el estómago atenazado por el hambre. Alfred Dreyfus sigue estando muy débil, se alimenta con dificultad, pero eso no importa, es un hombre feliz a pesar de todo.

Un hombre feliz a pesar de todo

Este caso no ha dejado de dividir a los franceses desde hace cinco años, y debe acabar de una vez. El 21 de septiembre de 1900, el general De Galliffet se dirige al ejército en estos términos: «¡El incidente está cerrado!». Enseguida exime al ejército de toda responsabilidad, afirmando la independencia de la decisión adoptada en el consejo de guerra por los oficiales presentes y su respeto hacia la decisión del presidente de la República. «Ya no es tiempo de represalias...» Ahora se trata de olvidar el pasado. De Galliffet termina su exhortación con estas palabras:

> ¡Viva el ejército! Ese que no pertenece a ningún partido, pero sí a Francia.

Es una frase que, de alguna manera, intenta disculpar a todos los militares puestos en entredicho a lo largo del proceso.

En lo que se refiere a los defensores de Dreyfus, algunos como Clemenceau se niegan a que la lucha se detenga con un indulto que ni siquiera permite poner en duda las estructuras políticas del país. Un Dreyfus en la isla del Diablo es incluso un símbolo mejor que un Dreyfus indultado, sentado tranquilamente en su casa. La lucha contra los clericales llevada a cabo por el gobierno y su política gana fuerza. De Galliffet ha prometido la amnistía general, es decir, la de Mercier, la de los otros generales y la de todos los implicados en el caso. La amnistía afecta «a todos los hechos criminales o delictivos relacionados con el caso Dreyfus o que se hayan visto implicados en una persecución relativa a uno de estos hechos».

La amnistía concierne también a Zola, Joseph Reinach y Picquart. Clemenceau no está de acuerdo, pero la Exposición Universal que se celebra en París ocupa ahora toda la atención de la opinión pública, que ha dejado de interesarse por un caso que pertenece al pasado y del que la gente quiere olvidarse. El clima es favorable a la amnistía, que acaba siendo votada por el Senado el 2 de junio de 1900, en diciembre en el Parlamento y, finalmente, otra vez en el Senado. Pero entre los defensores de Dreyfus se instala una desavenencia compleja. El abogado Labori y Picquart se enfadan con los Dreyfus.

Luchar por la rehabilitación

Cuando la amnistía ya se ha votado, la República se lanza a la conquista del siglo XX. La Exposición Universal de 1900 será todo un éxito para Francia y, mientras la gente lo celebra, Alfred Dreyfus, apenas restablecido, se instala en Suiza, a orillas del lago Leman, y después vuelve a París, a casa de su suegro. No obstante, aunque el indulto le ha devuelto la libertad, no ha conseguido borrar todas las sospechas sobre él. Para ello sería necesaria una verdadera rehabilitación jurídica. Por esta razón, Dreyfus escribe una carta al presidente de la República para que se lleve a cabo una investigación seria. Pero su carta no obtiene respuesta. Entonces, Alfred coge la pluma y cuenta su pasado de mártir en un libro titulado *Cinco años de mi vida*, que será publicado en 1901 y traducido a numerosos idiomas. Dreyfus vuelve a instalarse en Suiza.

El 29 de septiembre de 1902, Zola muere en su hotel parisino supuestamente asfixiado por el humo de una chimenea. Dreyfus asiste al entierro sin que se produzca ningún incidente debido a su presencia.

La anulación del juicio de Rennes

Alfred Dreyfus sigue luchando por la anulación del juicio de Rennes. Nunca han sido mostradas las famosas pruebas secretas anunciadas por el general Mercier, una de las cuales, según dijo, había sido escrita por el emperador de

Alemania y encontrada en la basura de Schwartzkoppen, y de la que la famosa lista sólo era una copia. En consecuencia, hay que dudar de su validez. Jean Jaurès, entonces diputado de Carmaux y soporte del gobierno de Combes (que sustituye al dimitido Waldeck-Rousseau), propone reabrir una investigación que estudie a fondo la lista escrita por el emperador. En el Parlamento, Jaurès defiende a Dreyfus y el gobierno acepta finalmente reabrir la investigación.

El capitán Targe es el encargado de reunir todas las pruebas del informe Dreyfus y examinarlas con detenimiento. Se descubre la falsedad de las pruebas de Henry al compararlas con los originales copiados, que se guardan en el Servicio de Información. Gribelin se une a la investigación, esta vez representando el papel contrario al que había desempeñado anteriormente contra Dreyfus. También hace una serie de confidencias sobre los procedimientos utilizados por Henry que se consideran concluyentes.

La investigación dura seis meses. El 22 de noviembre de 1903, el ministro de Justicia tiene conocimiento del informe de la investigación, ahora más grueso que antes. Alfred Dreyfus hace una demanda de revisión oficial que es aceptada el 26 de noviembre. El 24 de diciembre, el Tribunal Supremo toma nota de la demanda.

La revisión

Ante la amenaza de la rehabilitación del capitán judío, a los nacionalistas sólo les queda una esperanza: que el Tribunal Supremo vuelva a enviar a Dreyfus ante un tercer consejo de guerra. En enero de 1904, el Tribunal falla sobre la invalidez de los cargos que han pesado sobre Dreyfus, ya que se basaban en pruebas falsas. La Cámara de lo Penal inicia las audiencias el 3 de marzo de 1904. El Tribunal acepta la demanda de revisión. Dreyfus es ahora defendido por el abogado Mornard, asistente de los abogados Demange y Labori, que ya se han reconciliado. Picquart también se ha desplazado hasta allí.

El 5 de marzo de 1904, la Cámara de lo Penal abre un complemento de investigación que se alarga hasta el 19 de noviembre de 1904. La nueva investigación es más minuciosa y se interroga a todos los implicados en el caso. La oposición siente que está perdiendo su ventaja.

Esterhazy declara desde Londres y confiesa finalmente su delito, pero dice que fue obligado a hacerlo por las altas instancias y reitera sus acusaciones contra Sandherr. Alfred Dreyfus declara con la misma calma y la misma frialdad que en su día sorprendió al público. El estado mayor, convocado para comentar los términos de la lista, afirma que la comunicación del famoso manual de artillería era una de las más sencillas y que en aquella época cualquiera podía conseguirlo; el estado mayor confirma también la asistencia de Esterhazy a la escuela de Châlons, donde se probaron las nuevas piezas de artillería citadas en la lista. De esta manera se desmontan, por fin, todas las acusaciones contra Dreyfus.

¡Por fin es declarado inocente!

El proceso de revisión es largo. Los numerosos cambios políticos impiden que sea más rápido. Émile Combes dimite en 1905 y es sustituido por Maurice Rouvier. Se sigue buscando la separación entre la Iglesia y el Estado; el anticlericalismo se refuerza. Habrá que asistir al reparto de los bienes de la Iglesia. Además, las relaciones entre Alemania y Francia se suavizan. La causa patriótica frente a Alemania ha hecho que los franceses sean cada vez más nacionalistas, el orden debe ser restablecido.

Se celebran nuevas elecciones presidenciales: Armand Fallières es elegido presidente de la República gracias a los votos de la izquierda. En 1906, Clemenceau es nombrado ministro de Interior. Él, que había defendido la causa de Dreyfus y una cierta idea del derecho, de la libertad y de la justicia, se muestra un jefe duro, inflexible con los sindicatos. Los radicales se separan de los socialistas, que crean la SFIO. La clase obrera se une y se hace fuerte.

Por fin, Dreyfus es declarado inocente por unanimidad. La justicia civil es la que ha roto definitivamente la decisión de la justicia militar, demasiado propensa a defender el honor del ejército en vez del honor de un inocente. En toda Francia se cuelga la decisión del Tribunal.

Dreyfus es reintegrado en el ejército con todos los honores

Tras esta buena noticia, ha llegado el momento de las compensaciones. Hay que honrar la memoria de todos aquellos que lucharon por la causa y que ya no están presentes. Se erige un busto con la efigie de Scheurer-Kestner; las cenizas de Zola se trasladan al Panteón; a Dreyfus, se le admite de nuevo en el ejército con el grado de comandante. También obtiene la Legión de Honor, que se le otorga en el mismo patio donde doce años antes había sufrido su degradación. Picquart es nombrado general de brigada. Después es incorporado al Ministerio de la Guerra por Clemenceau.

Pero Alfred está decepcionado, Picquart saca mejor partido que él de esta historia, y el grado con que se acoge de nuevo a Dreyfus en el ejército no es más que una pequeña compensación. De todos modos, no habría conseguido nada si todo esto no hubiera pasado.

En 1907, Alfred Dreyfus se acerca a una jubilación bien merecida. Ha recuperado la felicidad y la dignidad de un oficial francés unido a su patria, a la República y a ese ejército al que nunca dejó de respetar aunque lo encarcelara, aunque las prevaricaciones de sus superiores bien hubieran podido destruir ese sentimiento.

A pesar de todo, el rencor de sus detractores no se ha extinguido. El día del traslado de las cenizas de Zola al Panteón, un periodista nacionalista, el señor Gregori, dispara dos veces contra Dreyfus, que resulta ligeramente herido en un brazo. Gregori explica su actitud por un sentimiento de venganza hacia todos aquellos que han puesto en ridículo al ejército con una ceremonia que honra a un antimilitarista y a un traidor a la patria. Cuando se celebra el juicio contra Gregori, ¡este resulta absuelto!

Después del caso

Después de su rehabilitación, Alfred Dreyfus vive retirado en compañía de su familia, a la que ya no quiere abandonar. Durante la Primera Guerra Mundial, Dreyfus es movilizado y trasladado a Verdún y a Chemin de Dames. Nuevamente debe enfrentarse a ciertas opiniones contradictorias referentes a su graduación y su reintegración al ejército. No acaba de sentirse bien aceptado por mucho celo que demuestre. Cuando la guerra termina, tiene el grado de lugarteniente coronel de reserva. En julio de

1919 es nombrado oficial de la Legión de Honor.

Dreyfus muere en 1935, enfermo y debilitado. Como un hecho increíble, como una ironía del destino, es el último de los protagonistas de su caso en morir.

El destino actúa de forma increíble con este hombre injustamente condenado, debilitado por cinco años de deportación, de privaciones y enfermedades, como si la muerte se negara en él y no en los demás. Picquart muere en 1914; Jean Jaurès es asesinado el 31 de julio del mismo año. Labori muere en 1917 y Demange en 1925; Clemenceau, en 1929, después de enaltecer aquello por lo que había luchado mientras duró el caso: la patria y el ejército. El general Gonse fallece en 1917, De Boisdeffre en 1919 y Mercier en 1921. Mathieu Dreyfus, el hermano fiel gracias al cual fue posible la revisión, que se entregó en cuerpo y alma a su hermano, ilustre símbolo de fraternidad y amor, muere en 1930. Sólo Lucie Dreyfus vive aún diez años después de la muerte de su marido; fallece al final de la Segunda Guerra Mundial.

CAPÍTULO 10

La suerte crítica

E s indudable que la prensa representó el papel principal en el desarrollo del caso y que desencadenó casi todas las repercusiones que lo marcaron, aunque las tiradas de los periódicos de la época no eran muy importantes: *La Libre Parole* editó 100.000 ejemplares entre 1898 y 1899; *Le Figaro*, 40.000; *L'Aurore*, un periódico de izquierdas, editó solamente 25.000 ejemplares. La prensa católica fue la más leída, con *La Croix Journal* y sus órganos religiosos, que editó 170.000 ejemplares. Los otros periódicos, algunos con tiradas importantes, como *Le Petit Journal*, que publicó aproximadamente un millón de ejemplares, sólo le concedieron un pequeño espacio al caso Dreyfus. La prensa favorable a Dreyfus era leída sólo por el 15 % de los lectores franceses.

Un detalle importante es que se trata de la primera vez en la historia que la prensa ejerce una influencia realmente importante en la vida política: sencillamente expresa su opinión. Toma la palabra en cuanto estalla el escándalo de la lista y, casi antes de que la información se difunda por los rangos militares, la prensa es la primera en apoyar y alimentar la campaña contra los judíos. Los órganos de prensa se encargan de publicar enseguida los contenidos de las pruebas clave del caso. Los periódicos permiten que los principales actores se expresen, que encuentren en este medio un trampolín hacia la vida política, un trampolín para su carrera. Gracias a este caso surgen nuevos periodistas, se revelan vocaciones, se comprometen los escritores (Zola, Barrès, Brunetière...).

Momentos importantes del caso vistos por la prensa

Revelación al gran público

Un artículo que aparece en el periódico del antisemita Édouard Drumont, *La Libre Parole*, pone al corriente a la opinión pública de que se ha cometido una alta traición en el seno del ejército francés. El 28 de octubre, un misterioso Henry (el comandante Henry) dirige una carta a uno de los periodistas de *La Libre Parole* para informarle de la detención de Dreyfus. Al día siguiente, en la misma revista, pueden leerse las siguientes frases:

> ¿Es cierto que recientemente se ha efectuado una detención muy importante por orden de la autoridad militar? El individuo detenido ha sido acusado de espionaje. Si la noticia es cierta, ¿por qué la autoridad militar guarda un silencio absoluto?

El artículo tiene el efecto de una bomba y el triste mérito de lanzar la acusación contra el capitán Dreyfus. Otros periódicos insisten en el hecho y *Le Soir* es el primero en revelar, el 31 de octubre, el nombre de Dreyfus. Al día siguiente, *La Libre Parole* publica el siguiente titular:

ALTA TRAICIÓN, DETENCIÓN DEL OFICIAL JUDÍO A. DREYFUS

Le Matin comenta más tarde los móviles del delito:

> La versión más verosímil es la que tiende a considerar el acto del capitán Dreyfus como el resultado de una venganza personal.

El hecho de que toda la detención se lleve a cabo en secreto convierte a los periódicos en fieras frente a lo que consideran la voluntad de favorecer a los judíos. Se enteran de que Dreyfus ha sido enviado a Alsacia en el más alto secreto. Los rumores referentes a su detención siguen su camino (bajo un falso nombre). Se busca a los verdaderos responsables, a los cerebros de la traición, ya que, según los periodistas, Dreyfus no ha podido actuar solo. Buena ocasión para fustigar a los jefes del estado mayor del Ministerio de la Guerra. Mercier tampoco sale indemne. Se piensa que el diputado judío Joseph Reinach es el líder de esta maquinación de desestabilización del país.

Las columnas de los periódicos están inundadas de diferentes hipótesis. *Le Matin* presupone la inocencia de Dreyfus y opina que este había sido engañado por el verdadero criminal. *Les Débats* explica la traición por el exceso de celo de Dreyfus, que ha caído en una trampa y no ha sido recompensado. Mercier no duda en responder a las preguntas de los periodistas para disculparse y a la vez para aplastar al judío Dreyfus; su antisemitismo es notorio.

Sin embargo, Mercier actúa sin una orden procedente de un superior jerárquico, lo que no agrada al gobierno. *Le Gaulois* del 29 de noviembre no se equivoca sobre el desastroso resultado que obtendrá Dreyfus debido a semejante actitud:

> Si el ministro de la Guerra pronuncia semejante acusación contra el capitán Dreyfus, ¿qué libertad le quedará al consejo de guerra que será convocado para juzgar a este procesado?

El general Mercier ha movido ya los hilos del caso, y lo seguirá haciendo durante cinco años más.

El antisemitismo se despierta, los periodistas de extrema derecha se ensañan contra el judío Dreyfus e imaginan una marcha del pueblo de Israel contra Francia. Hasta el juicio de diciembre, los artículos se multiplican en contra de Dreyfus con tanta inspiración antisemita como patriótica.

El judío y el alemán se convierten en un mismo enemigo en la persona del traidor Dreyfus. El tono es excesivo en algunos periódicos (*La Croix*, *La Libre Parole*, *Le Pèlerin*). Los artículos propugnan la expulsión de los judíos de Francia, a los que se atribuye la responsabilidad de todas las desgracias del país. A Dreyfus se le prohíbe el derecho a considerarse francés y patriota. Únicamente *Le Temps*, *Les Débats* y *Le Figaro* escapan a esta acusación sobre papel.

Además de a Dreyfus, la derecha acusa en la prensa al gobierno republicano, en un intento de desestabilizarlo. El general Mercier está presionado por todas partes: necesita firmeza y confirmar la certeza de la culpabilidad de Dreyfus.

Las embajadas de Alemania, Austria e Italia niegan haber mantenido contacto alguno con Dreyfus, y la prensa francesa se ensaña con la embajada alemana. Para evitar incidentes, el gobierno hace todo lo posible por dejar al embajador al margen.

No obstante, se produce el incidente diplomático, pero la prensa no cree en los desmentidos sucesivos del conde de Munster y piensa que está protegiendo a los agentes franceses.

El juicio a puerta cerrada de 1894 hace correr mucha tinta. Todos los periódicos, incluido el órgano de prensa de Drumont, exigen que los debates que se realicen se abran al público, pero no obtienen resultado.

Este juicio irrita los ánimos. Se protesta contra la debilidad del castigo (la deportación), evocando las severas penas que se inflingen a los soldados por delitos mucho menos graves. Esto es un ejemplo de lo que puede leerse en las columnas de *Le Figaro*:

> ¡Y pensar que se fusila a un desgraciado soldado por haber levantado la mano a su cabo!

La divulgación por parte de la prensa de la existencia de un informe secreto alimenta aún más el misterio que se ha creado en todo lo referente al caso. Las filtraciones son muy numerosas.

No obstante, la prensa también muestra su influencia del otro lado: gracias a ella, Lucie Dreyfus puede reaccionar contra las maquinaciones de los militares exigiendo que se hagan públicas las pruebas que han acusado injustamente a su marido.

La publicación del contenido de la famosa lista corre a cargo del periódico *Le Matin*, que publica una copia el 10 de septiembre de 1896. El único interés del periódico en publicar dicha lista es el de informar. El texto dictado por Du Paty antes de la detención se publica a continuación de la lista para que se puedan comparar escrituras. La culpabilidad de Dreyfus también se difunde ampliamente a través de la prensa.

La revisión

El 1 de noviembre de 1897, Paul de Cassagnac pide la revisión en *L'Autorité*. La prensa vuelve a hacerse eco del caso. El senador Scheurer-Kestner sabe cosas que no se han revelado. Y esas cosas salen por fin a la luz el 14 de noviembre de ese mismo año en *Le Figaro*, que publica el «Informe de Scheurer-Kestner» de la mano del periodista Emmanuel Arène. La demanda de revisión está hecha.

A *Le Figaro* se debe también la publicación, el 16 de noviembre de 1897, de la carta de Mathieu Dreyfus denunciando al conde Esterhazy como el autor de la lista y, por consiguiente, como el traidor del delito del que se acusa injustamente a su hermano. Evidentemente, la reacción nacionalista contra esta información no se hace esperar y enseguida la pone en duda. Esterhazy, también a través de la prensa, responde al día siguiente, y más tarde utiliza este mismo medio para acusar a Picquart. De esta forma, se desata una guerra de artículos contradictorios. Se acusa a los judíos —el famoso «sindicato»— de financiar a los defensores de Dreyfus. Esterhazy nunca revela del todo sus confidencias, haciendo que el suspense se mantenga con indicios cargados de misterio.

Los periódicos divulgan casi simultáneamente los resultados de las diferentes investigaciones realizadas por el Ministerio de la Guerra, perjudicando ampliamente a los oficiales superiores. La prensa, a través de la agencia Havas, se convierte en la intermediaria del Ministerio de la Guerra y publica todas las comunicaciones relativas al caso. Los informes del Parlamento relativos al caso Dreyfus también se publican a menudo en su integridad.

Le Figaro no duda en publicar la correspondencia de Esterhazy, que afirma con poca elegancia su espíritu traidor y su desprecio hacia el ejército francés y los franceses. El periódico pone nerviosos a los detractores de Dreyfus, y sus competidores pregonan el escándalo. El caso Esterhazy sustituye durante un tiempo al caso Dreyfus.

Por otra parte, Zola no hubiera podido alzar su voz sin el apoyo de *L'Aurore*. El 13 de enero aparece su famoso «Yo acuso», y la carta al presidente de la República crea un escándalo sin precedentes en la prensa, de manera que acaba siendo evidente su poder. A partir de este momento, los periódicos empiezan a abordar el caso Dreyfus desde otra perspectiva, con todas las repercusiones que tiene en el mundo político y social, mientras que antes la prensa sólo mostraba interés por el culpable, por el aspecto jurídico del caso.

El suicidio de Henry

Con el suicidio del comandante Henry, la prensa nacionalista se lanza contra sus enemigos republicanos, judíos, protestantes y francmasones.

La Libre Parole, tras el anuncio del suicidio del comandante Henry, abre una suscripción para que la mujer del difunto pueda atacar en justicia a Reinach y para erigir un monumento en memoria del fallecido. Habrá dieciocho listas y otros tantos donativos y frases en defensa del antisemitismo y del ejército. Este periódico sobrepasa así su función inicial de informador (parcial o imparcial) y adopta una tarea política, al publicar la lista de suscriptores y conceder la palabra a los detractores de Dreyfus de todos los ámbitos.

¡Cojan la pluma, señores!

Hasta ese momento, es un hecho histórico único la publicación de un libro sobre el caso cuando este todavía no ha terminado. La *Historia del caso Dreyfus* de Joseph Reinach, compuesta de seis volúmenes y un índice, se publica entre 1901 y 1908 y está escrita en su mayor parte cuando la rehabilitación de Dreyfus aún no se ha decidido.

Muchos de los implicados en el caso quieren dejar también la huella de su intervención en un relato en el que cuentan sus vivencias y opiniones. Además de Alfred Dreyfus, que escribe *Cinco años de mi vida*, obra aparecida en 1901, y de Joseph Reinach, citado anteriormente, también Zola recopila sus artículos en *Yo acuso. La verdad en marcha;* Leblois publica su correspondencia con el senador Scheurer-Kestner; Esterhazy desgrana sus confidencias en los periódicos nacionalistas con diferentes seudónimos...

Los intelectuales se comprometen con el caso y no de manera esporádica, aislada, sino colectivamente, en grupos de presión de todo tipo. La unión hace la fuerza de pensamiento.

La búsqueda del traidor

Indudablemente, el misterio que reinó en torno al caso Dreyfus alimentó los artículos de los periodistas, escritores e historiadores, así como las conversaciones de la gente de a pie. En esta historia judicial no había nada sencillo, era necesario que las cosas se complicaran y que cada uno tuviera su teoría, que hiciera sus propias revelaciones.

Así se sucedieron cinco años de hechos reales y hechos inventados, debidamente jurados por una personalidad o por otra. Con cada hecho nuevo nacía una leyenda, había confesiones monstruosas aportadas por desconocidos o por personajes mal informados, así como sospechas y revelaciones a medias que tomaron el aspecto de confidencias al estado mayor... Por otro lado, que todos estos acontecimientos se produjeran alrededor del Servicio de Información no era un hecho ajeno a este fenómeno. Todas las cosas pueden ser creíbles si se encuentran en el terreno del espionaje y el contraespionaje.

Como la verdad no podía revelarse por no se sabe qué oscura razón de Estado, las sospechas iban abriéndose camino. Se citaron nombres, sin pruebas, que realizaban confesiones secretas, también se llegó a afirmar que hubo malversaciones colectivas que nunca llegaron a ser realmente probadas... Las suposiciones de complicidades tanto de un bando como de otro se sucedían de manera paranoica. Las responsabilidades en el caso parecían ser tan cambiantes como el viento: en un momento eran los generales del estado mayor los que movían los hilos, y al día siguiente era el general Henry quien trapicheaba en solitario; otras veces era Esterhazy quien lo hacía ...

La tesis de los tres cómplices

Maurice Paléologue, que siguió el caso durante cinco años, y que redactó un largo informe (*Diario del caso Dreyfus*), defendió la tesis de la triple complicidad: Esterhazy, Maurice Weil —un oficial que trabajó en el Servicio de Información— y otro oficial de alto rango cuyo nombre no llegó a ser desvelado pero que todo el mundo identificó con el general Rau, el jefe del gabinete del general Mercier cuando se inició el caso. Según Paléologue, este era el cabecilla de una amplia red de espionaje al servicio de los alemanes, aunque esta tesis nunca estuvo apoyada en ninguna prueba seria.

La entrada en escena del contraespionaje

A este tercer hombre, el historiador Henri Guillemin le dio otro nombre en su obra *L'Énigme Esterhazy*: según él se trataba del general Saussier en persona, el jefe supremo del ejército. El origen de esta hipótesis se remonta a la sospecha de la existencia de un verdadero complot político contra los judíos y el régimen de la Tercera República, en cuyo seno se gestó el caso Dreyfus para que sirviera de punta de lanza. Había que encontrar un oficial judío y acusarlo de espionaje para desacreditar tanto a la clase judía como al ejército republicano.

Pero aunque esta superchería se llevó a cabo, en parte fracasó. Al mismo tiempo, un verdadero traidor, el comandante Esterhazy, traficaba con Alemania vendiendo documentos ultrasecretos. Pero, ¿cómo pudo conseguirlos él, que no era más que un simple oficial de Infantería de la guarnición en Ruán? Henri Guillemin sugiere que seguramente tuvo un cómplice de alto rango, y este oficial de alta graduación no era otro que el general Saussier. ¿Y por qué razón Saussier le habría proporcionado información secreta a Esterhazy? Pues para saber, gracias al intermediario, si los servicios de espionaje alemanes estaban al corriente de la creación del cañón 75 que los franceses estaban fabricando. Una vez que tomaran confianza, los alemanes podrían revelar al espía francés, un día u otro, lo que sabían sobre el armamento francés.

¿Un caso urdido por los alemanes?

Otra hipótesis sugiere que los alemanes, para probar la credibilidad de su nuevo agente, escribieron ellos mismos la famosa lista a partir de la letra de Esterhazy: si el servicio de espionaje francés reaccionaba les serviría como prueba de la buena fe del espía. También hubo quien dijo que el propio Dreyfus actuó como un agente doble, pero todas estas tesis eran bastante frágiles y parecían tener como principal objetivo disculpar al estado mayor y volver a limpiar la imagen del ejército, tan deteriorada por este caso de finales del siglo XIX.

El misterio continúa

Aunque estas tesis eran improbables, sirvieron para marcar la evidencia de un hecho: ¿cómo era posible que un único hombre —suponiendo que fuera Dreyfus— hubiera podido tener acceso a tantos documentos militares y transmitirlos al agregado de la embajada alemana sin despertar sospechas? A la fuerza había «alguien importante» detrás, comentaban los que sostenían estas sospechas, ya que, ¿por qué se protegió a Esterhazy si no es porque habría significado la caída de una persona importante? En este sentido, es conveniente recordar la frase que escribió el comandante Henry a su mujer antes de suicidarse: «Tú sabes en interés de quién he actuado...». Son muchas las hipótesis que nunca serán resueltas, sobre todo ahora que todos los implicados han muerto...

Es verdad que, al fin y al cabo, el papel que desempeñó Esterhazy, apoyado permanentemente por los generales, fue sorprendente. ¿Era Esterhazy una de las partes de toda una trama urdida por el Servicio de Información, como dejó entrever él mismo al decir que había trabajado a las órdenes de Sandherr?

En definitiva, es evidente que la famosa lista presentaba un interés mínimo para el enemigo alemán. La lista hablaba del cañón 120, y los franceses estaban trabajando en el cañón 75. Podría tratarse de un simple desvío de atención para hacer creer a los alemanes en la importancia que los franceses daban a ese otro cañón mientras se fabricaba en secreto el 75. Dreyfus nunca fue otra cosa que inocente. Fue un presunto traidor y un acusado muy fácil.

CAPÍTULO 11

Puntos de vista

En 1894, la inmensa mayoría de la opinión pública estaba de acuerdo con el veredicto del juicio. Los que defendieron más tarde la verdad y la justicia habían creído entonces en la culpabilidad del judío Dreyfus, y eso sin haber sido influidos todavía por los periódicos nacionalistas.

Después, cuando la otra verdad salió a la luz, en realidad fueron muy pocos los que aceptaron de buen grado la revisión del juicio. La opinión pública estaba, en el fondo, bastante más interesada en ver al ejército criticado y al orden republicano ridiculizado que en que se hiciera justicia. En una palabra, los partidarios reales de Dreyfus eran poco numerosos. A pesar de esto, gracias a los escritores, los periodistas, los pensadores y algunos políticos que poseían gran poder de comunicación, el caso no terminó quedando en la sombra.

Francia dividida en dos

Los partidarios de Dreyfus no sólo estuvieron enfrentados con los partidos de derecha y los de izquierda, sino también con monárquicos, nacionalistas, conservadores y radicales, con el gobierno y con la opinión pública. Enseguida se les relacionó con los judíos y se les acusó de haber sido comprados por el «sindicato», de haber recibido el apoyo de los que poseían las grandes fortunas y de haber liberado a Dreyfus a golpe de millones de francos. Pero, en realidad, los primeros defensores de Dreyfus fueron una minoría obstinada y valiente cuyas filas se engrosaron con algunas cabezas pensantes: el senador Scheurer-Kestner, el propio Clemenceau, Jean Jaurès... Los intelectuales, según la palabra que empleaba Clemenceau, reaccionaron e hicieron mover la máquina revisionista.

Los detractores de Dreyfus

Los jefes de fila

El escritor y político francés Maurice Barrès (1862-1923) fue uno de los más fervientes inculpadores de Dreyfus. Era un defensor acérrimo del culto al yo, y también de los valores tradicionales y nacionalistas. Durante la degradación de Dreyfus, Barrès fue sólo un simple testigo, pero no ocultó la posición que según él debía tomarse con respecto al traidor judío[7]. Sin embargo, él mismo sintió piedad al ver a aquel hombre encaminarse hacia la deshonra y la humillación en el juicio de 1894, durante su degradación, o en el segundo juicio, el de Rennes de 1899. «Lo compadezco» dijo, pero también afirmaba haber tenido una opinión «en el caso Dreyfus antes de conocer los he-

---

7. BARRÈS, Maurice, *Scènes et doctrines du nationalisme*, Félix Guven, 1902.

chos judiciales». El interés del pueblo francés es lo que guió el razonamiento de Barrès. ¡Le habría bastado con echar un simple vistazo al condenado para convencerse de su traición!... Aunque, como decía Barrès, más allá de este simple culpable «que rezuma traición, los grandes responsables son los intelectuales, los anarquistas de calle, los metafísicos de la sociología».

Estos eran para Barrès los que merecían el castigo más ejemplar. En primer lugar, Barrès puso en duda la opinión que estos intelectuales tenían sobre la inocencia de Dreyfus porque estaba convencido de que su objetivo era otro. Lo que pretendían era desacreditar el orden social construido por los patriotas, llevar a un segundo plano la preocupación por el orden social en favor de un ideal absolutamente personal, y para ello no escatimaban medios, destruyendo así los fundamentos de la nación francesa. Para él, no eran más que extranjeros que merecían todo el desprecio que se puede sentir hacia un enemigo. Barrès señalaba con el dedo qué población era la culpable en este fin de siglo nacionalista: los anarquistas, los liberales y los protestantes. La lucha contra el antisemitismo y el poder del ejército no podía tener, de ninguna manera, el consentimiento de Maurice Barrès.

La posición de Charles Maurras (1868-1952) respondía a la misma desaprobación que la de Barrès en lo que se refiere a los partidarios de Dreyfus y a la ideología que sustentaba su acción[8]. Maurras decía que, fuese cual fuese la verdad sobre la inocencia de Dreyfus, sus defensores merecían verse delante de un pelotón de ejecución, «por el triple daño que le hacen a Francia, a la paz y a la razón».

---

8. MAURRAS, Charles, *Au signe de Flore*, Bernard Grasset, 1933.

Cuando se enteró de su condena en 1945 por estar de acuerdo con el enemigo, exclamó ante sus jueces:

¡Es la revancha de Dreyfus!

La tradición contra Dreyfus

A pesar de la readmisión de Dreyfus en el ejército y de las numerosas pruebas acumuladas para probar su inocencia, que finalmente fue reconocida, aún seguía habiendo mucha gente que creía en su culpabilidad. El antisemitismo se había alimentado durante mucho tiempo del caso y no daba su brazo a torcer. Más allá del caso Dreyfus estaba la lucha contra lo que los antisemitas llamaban la «judería» y que hizo que el caso degenerara en una lucha fratricida entre franceses. La *Acción Francesa* había mantenido durante mucho tiempo la idea de una maquinación ideada por los judíos para desestabilizar Francia y dividir a la nación.

Minute, un periódico de extrema derecha creado en los años sesenta y retomado en los noventa por los partidarios del Front National, proclamaba su posición en el caso a través de la voz de François Brignau, uno de sus redactores jefe; la guerra civil desencadenada por el caso Dreyfus fue «organizada, montada, desarrollada por la conjura de la francmasonería».

Para la francmasonería, el único objetivo era subyugar la voz monárquica en Francia y reducirla totalmente al silencio.

En 1994, con motivo del centenario del primer juicio de Dreyfus, el semanario del Ministerio de Defensa *Sirpa Actualités* dedicó un artículo especial al caso: el coronel Gaujeac, entonces responsable del Servicio Histórico del Ejército de Tierra, fue destituido por haber cerrado el artículo con esta frase llena de segundas intenciones:

> Hoy la inocencia de Dreyfus es la tesis generalmente admitida por los historiadores.

Enseguida, los periódicos nacionalistas se apresuraron a defenderlo y a buscar una nueva víctima de la coalición judeoliberal...

Los defensores de Dreyfus

Frente a los defensores de la nación, la patria y su supremacía sobre la justicia y la verdad, fueron muchos los escritores, polemistas, periodistas y políticos que se sublevaron y reaccionaron en sentido contrario.

El sentimiento del poeta Charles Péguy (1873-1914) estaba inspirado en la mística cristiana[9]. Este caso permitió, según Péguy, el resurgimiento de una religión adormecida, del sentimiento cristiano de la auténtica verdad y de la verdadera justicia que no procedían de una ideología de partidos políticos sino de una verdadera pasión religiosa. Para Péguy, esta sublevación de tantos individuos revelaba la verdadera nación francesa, esa que constituye «una imposibilidad orgánica de consentir la injusticia, de tomar partido sin una razón».

Los partidarios de Dreyfus no eligieron su defensa a la ligera, indagaron por todas partes para conocer la verdad intentando reunir todas las pruebas para disculparlo. Al

---

9. PÉGUY, Charles, *Notre Jeunesse*, NRF, Gallimard, 1913.

contrario que Barrès, Péguy no se contentó con la vaga impresión de traición que dejó traslucir el acusado durante su degradación. El ánimo de esos hombres preparados para defender la verdad era lo que hacía decir a Péguy que ellos eran los verdaderos héroes.

En su novela *Monsieur Bergeret à Paris* (Calmann-Lévy, 1901), Anatole France (1844-1924) enunciaba por boca de sus personajes las diferentes posiciones principales que se evidenciaron durante el caso.

En la obra puede encontrarse la opinión del noble, primo de militar, que confía en el veredicto que se ha dado en el juicio, entre otras cosas porque emana de la más alta instancia militar; puede encontrarse también la opinión del republicano que está ofuscado porque el prestigio de la nación se ha visto afectado y la imagen del país se ve empañada desde el exterior; por último, puede encontrarse la opinión del señor Bergeret, que se opone a la búsqueda de la verdad y justifica el ataque contra la República haciendo recaer la culpa en aquellos que, desde dentro del gobierno o fuera de él, no han tomado a tiempo las medidas necesarias para evitar caer en el absurdo y en la injusticia.

La Revue Blanche, una famosa revista literaria de finales del siglo XIX, reunió, entre 1889 y 1903, a las plumas simbolistas más importantes y a muchos defensores de Dreyfus: André Gide, Léon Blum, Marcel Proust, Jules Renard, Charles Péguy, Alfred Jarry, Paul Verlaine, Guillaume Apollinaire, etc.; también reunió a pintores tales como Henri de Toulouse-Lautrec, Pierre Bonnard, Édouard Vuillard, Félix Vallotton, Paul Signac y otros. La revista no podía dejar de tomar partido de manera evidente por la causa de Dreyfus, aunque no lo hizo enseguida. Fue necesario el duro golpe que constituyó la absolución del capitán Esterhazy para que se comprometiera de forma seria. Lo hizo de manera colectiva y los redactores de la revista que se mostraban contrarios a Dreyfus fueron abandonándola poco a poco.

La reacción de *La Revue Blanche* era la misma que la de los ciudadanos ofuscados porque un puñado de individuos, que tenían el poder en sus manos, habían podido usarlo a su antojo, llegando incluso a ignorar la realidad de ciertos hechos con el único objetivo de actuar en sus propios intereses.

> Protestamos contra los chupatintas del estado mayor general porque dentro hay demasiados coroneles del Partido de las Tinieblas[10].

La elección de celebrar el juicio a puerta cerrada no pudo, según la revista, ser un acto inocente, y la práctica militar de celebrar un juicio sin apelar a los protagonistas y los acusados no podía ni ser seria, ni ser creíble, ni dejar de señalarse con el dedo. «Se trata de un procedimiento de otra época y no de la nuestra». El coronel Picquart, que estuvo en contra de este principio del secreto, no tuvo más remedio que abrir la vía de la justicia futura, la de la transparencia. Más allá de la exigencia de una justicia mejor, la revista consideraba el honor de Francia en sentido contrario al de los nacionalistas: ¿Qué valor podía tener, a ojos de los demás pueblos, una Francia que flotaba en la incoherencia judicial y la injusticia descabellada?

Además, según los redactores de *La Revue Blanche*, el antisemitismo no era una característica del pueblo francés. Este país tan apasionado por las libertades y tan inteli-

---

10. *La Revue Blanche*, n.º 112, 1 de febrero de 1898.

gente, que poseía una civilización tan racional, no podía rebajarse ante tales sentimientos. Sólo las ideas tienen derecho a ser respetadas y no los individuos por el solo hecho de que estén bien situados. Era un fanatismo que, según la revista, llegó hasta las universidades, donde los espíritus son aparentemente libres. El partido socialista tampoco se salvó, ni los escritores que no dudaron en tomar partido por los militares, el partido de la exclusión. Maurice Barrès, el defensor encarnizado de esos valores anticuados, del orden frente a la justicia, se convirtió en el enemigo número uno de los redactores de *La Revue Blanche*.

CAPÍTULO 12

Conclusión

El caso Dreyfus duró en total doce años desde el descubrimiento de la lista hasta la rehabilitación del inocente, el capitán de origen judío Alfred Dreyfus. Sus momentos álgidos se sitúan entre 1894 y 1899. Este caso de espionaje conmovió la opinión pública y trastornó la moral de los franceses de finales del siglo XIX.

¿Qué conclusión puede sacarse de esta inmensa ola que fue muriendo lentamente en la orilla de una sociedad en plena mutación? ¿Que este caso no fue más que un juicio que apasionó a Francia? ¿Que fue una simple historia policiaca que tuvo pocas consecuencias en los movimientos políticos del siglo XX? ¿O que, por el contrario, la separación definitiva entre la derecha y la izquierda que divide a Francia desde hace tiempo es su consecuencia directa?

Aunque la combinación de todas estas teorías sería la respuesta más probable, hay que señalar que, en Francia, este caso se sigue abordando hoy con suma cautela. La más mínima digresión en el lenguaje empleado puede remover de nuevo los rencores y provocar las opiniones más extravagantes. El último enfoque del caso, realizado en septiembre de 1995 por los militares franceses, ha sido bien acogido. Ante el Consistorio central de los israelíes de Francia, el general Jean-Louis Mourrut, jefe del Servicio Histórico del Ejército de Tierra, reconoció que el caso Dreyfus fue «un suceso judicial provocado por una conspiración militar que desembocó en una condena de deportación —la de un inocente— basada en parte en un documento falsificado».

¿Qué debe retenerse de todo el caso? Por una parte, la liberación general de los odios, los rencores, el desprecio y los sectarismos. Más allá del error judicial y de las razones que guiaron a los responsables de la acusación, el caso Dreyfus sublevó los ánimos, provocó enfrentamientos. Con él se inició un conflicto de mentalidades e incluso de ideologías que dividió a Francia. Por otra parte, escritores, pensadores, artistas y estudiantes universitarios se unieron y se lanzaron a un combate por una causa que no era del todo intelectual pero que afectaba al ánimo de la nación, a la política, a los conceptos de justicia, libertad, derecho e identidad. El papel del intelectual defensor de las injusticias y de los opresores del siglo XX encontró aquí su modelo.

Además, el caso Dreyfus reveló el poder de la prensa no sólo para derrocar gobiernos, sino también para dar la palabra a la opinión pública.

Más allá del caso judicial, del culpable indultado, de las diferencias morales y políticas, el caso Dreyfus puede representarse como la caricatura de un pueblo que lucha contra sus cabezas de turco: el judío, el francmasón o el protestante. Y es un defecto que no se ha corregido: los árabes han tomado el relevo a los judíos...

Cronología

El caso

1894

Finales de septiembre: Transmisión de la lista al Ministerio de la Guerra.

6 de octubre: Atribución de la lista al capitán Alfred Dreyfus.

15 de octubre: Detención de Dreyfus.

31 de octubre: El primer periódico que revela el nombre del traidor es *Le Soir*.

19 de diciembre: Inicio del juicio. Se solicita el juicio a puerta cerrada. El abogado Demange defiende a Dreyfus.

22 de diciembre: Condena de Dreyfus. Los siete jueces militares han tenido conocimiento, durante el juicio, de un informe secreto que acaba con el traidor; las pruebas son falsas o no tienen fecha. La defensa no puede acceder a dicho informe.

31 de diciembre: El recurso de revisión es rechazado.

1895

5 de enero: Degradación de Dreyfus, que afirma su inocencia.

17 de enero: Félix Faure es elegido presidente de la República. Marcha de Dreyfus a La Rochelle.

Abril: Dreyfus es deportado a la isla del Diablo.

1 de julio: Picquart es nombrado jefe del Servicio de Información para sustituir al coronel Sandherr, afectado por una parálisis general.

1896

Marzo: Picquart descubre el «pequeño azul», documento dirigido por el agregado militar de Alemania al comandante Esterhazy. Picquart se convence de la traición de Esterhazy al comprobar esta letra con la de la lista. Sus superiores no le creen.

14 de septiembre: *L'Éclair* revela la existencia del informe secreto y de un documento abrumador contra Dreyfus (una prueba falsa en la que la inicial D. se asocia con Dreyfus). El caso vuelve a abrirse.

2 de noviembre: El comandante Henry del Servicio de Información fabrica una prueba falsa que condena definitivamente a Dreyfus. El agregado italiano Panizzardi se la habría escrito al agregado alemán acusando directamente a Dreyfus. Se trata de la prueba denominada el «falso Henry».

16 de noviembre: Inicio del alejamiento progresivo de Picquart, convertido en alguien demasiado molesto para sus superiores.

1897

Junio: Picquart revela sus descubrimientos al abogado Leblois, su amigo de infancia. Le pide que guarde el secreto.

Julio: Leblois se confía al senador Scheurer-Kestner.

Octubre: Esterhazy es avisado del peligro que corre a través de una misteriosa dama oculta. Se urde una maquinación para acusar a Picquart.

15 de noviembre: Mathieu Dreyfus, el hermano de Alfred, acusa a Esterhazy en una carta dirigida al Ministerio de la Guerra. Se abre una investigación. Schwartzkoppen abandona París. La investigación acabará acusando a Picquart. En diciembre, Esterhazy obtiene un sobreseimiento.

1898

4 de enero: Picquart se querella a propósito de los telegramas que lo han acusado.

11 de enero: Absolución de Esterhazy.

13 de enero: El artículo «Yo acuso» de Zola aparece en *L'Aurore*. Su autor es perseguido por la justicia. Las manifestaciones antisemitas se suceden, a veces con violencia, sobre todo en Argelia. Se producen las primeras tomas de posición favorables a Dreyfus, exceptuando a los socialistas, entre ellos Jaurès.

20 de febrero: Creación de la Liga de los Derechos Humanos. Los partidarios de Dreyfus se adhieren.

23 de febrero: Condena de Zola a un año de prisión y a pagar una fuerte multa.

2 de abril: El Tribunal Supremo anula la detención de la condena de Zola.

7 de julio: Cavaignac, entonces ministro de la Guerra, revela al Parlamento la existencia de pruebas aplastantes y las lee. Efecto asegurado.

13 de julio: Detención de Picquart. Permanecerá once meses en prisión.

18 de julio: Zola, condenado, parte a Londres.

13 de agosto: Descubrimiento del falso Henry por parte del capitán Cuignet. Henry confiesa al ministro su delito el 30 de agosto.

31 de agosto: Suicidio de Henry en su celda.

3 de septiembre: El señor Mornard solicita la revisión del juicio. Fuga de Esterhazy a Inglaterra.

27 de septiembre: Demanda de revisión del juicio de 1894 por parte del ministro de Justicia.

29 de octubre: El Tribunal Supremo acepta finalmente la demanda de revisión.

31 de diciembre: Creación de la Liga de la Patria francesa, donde se alistan inculpadores de Dreyfus y antisemitas.

1899

23 de febrero: Intento de alzamiento de Déroulède.

1 de marzo: La Ley de declaración de incompetencia impide a la Cámara de lo Penal resolver la revisión del juicio sin el acuerdo de todas las demás cámaras del Tribunal Supremo.

1 de junio: Detención de Du Paty de Clam.

5 de junio: La anulación de la sentencia del juicio de 1894 falla a favor de Dreyfus, que vuelve a Francia el 1 de julio. Zola también regresa.

13 de junio: Picquart obtiene el sobreseimiento de los hechos que se le imputan.

7 de agosto-9 de septiembre: Nuevo juicio a Dreyfus ante el consejo de guerra de Rennes. Nueva condena a diez años de arresto con circunstancias atenuantes por cinco votos contra dos.

12 de agosto: Detención de los principales inculpadores de Dreyfus. Guérin se niega a presentarse. Se produce el asedio del fuerte Chabrol.

19 de septiembre: Dreyfus es indultado por Émile Loubet.

1900

Enero: Condena de los principales jefes de los inculpadores de Dreyfus.

14 de diciembre: Ley de amnistía para todos los que estuvieron implicados en el caso.

1904
5 de marzo: La demanda de revisión dirigida por Dreyfus en persona al Tribunal Supremo es aceptada.

1906
12-13 de julio: Fallo del Tribunal Supremo que anula la resolución de la sentencia del consejo de guerra de Rennes. Dreyfus y Picquart son readmitidos en el ejército con un grado superior.

1908
4 de junio: Durante el traslado de las cenizas de Émile Zola al Panteón, Dreyfus es herido en el brazo por un periodista nacionalista que le dispara con un revólver. Este último es absuelto.

1935
11 de julio: Muerte del lugarteniente coronel Alfred Dreyfus, oficial de la Legión de Honor.

El contexto político

Las Repúblicas

I República: 1792-1804 (12 años)
II República: 1848-1852 (4 años)
III República: 1870-1940 (70 años)
IV República: 1944-1958 (14 años)
V República: Desde 1958

Los jefes de Estado
durante la III República

1870-1871: Gobierno de la Defensa Nacional

1871-1873: Adolphe Thiers (dimisión)

Primavera de 1871: La Comuna

1873-1879: Edme de Mac-Mahon (dimisión por apremio)

1879-1887: Jules Grévy (dimisión)

1887-1894: Sadi Carnot (asesinado)

1894-1895: Jean Casimir-Perier (dimisión frente a la izquierda)

1895-1899: Félix Faure (fallecimiento)

1899-1906: Émile Loubet (fin del septenio)

1906-1913: Armand Fallières (Ídem)

1913-1920: Raymond Poincaré (Ídem)

1920: Paul Deschanel (dimisión por razones de salud)

1920-1924: Alexandre Millerand (dimisión)

1924-1931: Gaston Doumergue (fin de septenio)

1931-1932: Paul Doumer (asesinado)

1932-1940: Albert Lebrun (se eclipsa ante Pétain)

Mayo de 1936-junio de 1937: Frente Popular (Léon Blum)

LOS PRESIDENTES DEL CONSEJO
DURANTE EL CASO

Año	Presidente de la República	Presidente del Consejo
1894	Jean Casimir-Perier	Charles Dupuy
1895	Félix Faure (I)	Alexandre Ribot Léon Bourgeois
1896	Félix Faure (I)	Jules Méline (I)
1898	Félix Faure (I)	Henri Brisson (R) Charles Dupuy
1899	Émile Loubet (D)	Charles Dupuy, Pierre Waldeck-Rousseau (D) Émile Combes (D)

I = inculpador de Dreyfus; D = defensor de Dreyfus por razones políticas;
R = revisionista o favorable a la revisión por diversas razones

Fuentes de información

BARRÈS, Maurice, *Scènes et doctrines du nationalisme*, Félix Guven, 1902.

CAHM, Éric, *L'Affaire Dreyfus*, LGF, 1994.

CHÉRASSE, Jean A., y Patrice Boussel, *Dreyfus ou l'intolérable vérité*, Pygmalion, 1975.

DREYFUS, Alfred, *Cinq années de ma vie*, La Découverte, reedición, 1994.

— *Lettres d'un innocent*, Stock, 1898.

DREYFUS, Mathieu, *L'Affaire telle que je l'ai vécue*, Grasset, 1978.

ESTERHAZY, Fernand Walsin, *Les Dessous de l'affaire Dreyfus*, Fayard frères, 1898.

JAURÈS, Jean, *L'Affaire Dreyfus. La vérité en marche*, reedición, Garnier-Flammarion, 1969.

— *Les Preuves. L'affaire Dreyfus*, Le Signe, 1981.

LAZARE, Bernard, *Une erreur judiciaire. La vérité sur l'affaire Dreyfus*, Éd. Allia, reedición, 1993.

MIQUEL, Pierre, *L'Affaire Dreyfus*, PUF, Col. Que sais-je?, 1973.

REINACH, Joseph, *Histoire de l'affaire Dreyfus*, 7 tomos, Fasquelle Éditeurs, 1929.

SCHWARTZKOPPEN, Maximilien von, *Les carnets de Schwartzkoppen. La vérité sur Dreyfus*, Rieder, 1930.

THOMAS, Marcel, *L'Affaire sans Dreyfus*, Fayard, 1961.

ZOLA, Émile, *J'accuse. La vérité en marche*, Complexe, 1988.

«L'Affaire Dreyfus. Vérités et mensonges», Revista *L'Histoire*, presentación de Michel Winock, n.º 173, enero 1994.

www.ingramcontent.com/pod-product-compliance
Lightning Source LLC
Chambersburg PA
CBHW070330090426
42733CB00012B/2427